超行動力，

夢想「動」起來

不要「凍」起來！

文化

『超行動力，夢想「動」起來 不要「凍」起來！』

前言

「如果那時候馬上回答『是的』，就會……」
「如果再說一句話，說出真正的感受，就會……」
「如果能夠果敢立即行動，就會…」

工作、學校、家人、戀愛、朋友關係……。在所有的關係上，無論是誰都會有如上述的「感到後悔的體驗」。當然，我也不例外。

總是遺憾因「多餘的一句話」而導致失敗，**為何無法確實傳達「重要的一句話」呢？**

漫不經心過著「無意義的時間」，**而把「現在該做的事」往後延。**

本書，就是為了有諸如此類煩惱的人所編寫的**「改變行動的31項訓練集」**。

在此之前的我，曾任職於創業不久的家庭電腦遊戲軟體製作的創投公司、泡沫經濟高峰期的大型證券公司、舊街老店的T恤廠商、無國界的網際網路社會、以貢獻社會為目標的NPO法人等，置身於各式各樣的職場。

在各個不同的職場上向前輩學習，不斷累積社會經驗之後，無論是誰都會認為可以變成靠自己的意志陸續採取行動的**「馬上做的人」**。

但很遺憾，這想法和事實不符。

多數的人，不是變成被動，就是為了規避責任而走上明哲保身之途。與其說是「馬上做的人」，不如說是**「不行動的人」「不會行動的人」**。

就常說的2：8的法則來說，僅有2成的「馬上做的人」完成8成的工作，以掩飾其餘8成「不行動的人」「不會行動的人」。

可怕的事情是，如果是身處在大多數的「不行動的人」「不會行動的人」當中，在**不知不覺中會認為自己不行動也是理所當然的**。因為，乍看之下似乎這樣是比較輕鬆。

非常幸運，我以本書所主張的心態從**「不行動的一族」**脫離出來，蛻變成為**「現在做得到的事情，馬上採取行動=馬上做」**。

在大學授課中受到的衝擊

一旦變成「馬上做的人」，就會遇到意想不到的機會。

才疏學淺的我，很榮幸地從2006年起就成為明治大學商學部「創投企業論」「創業企劃論」的講師。

「以一年的時間，在部落格上廣泛推薦，且透過網路行銷自己喜愛的商品。同時和發明這些暢銷商品的社長會面，進而締結終生交往的情緣。」

這是為了培育個人自主性的意志，以及馬上行動的實踐性授課。透過這項授課，接觸到年輕人的新思考和行動模式是一大收穫。但是，也受到不小的衝擊。

「找不到喜歡的東西或事情」

「沒辦法寄信或打電話給想會面的人」

「沒辦法和想會面的人約定會面時間」

「即使見到對方，也不知道要說甚麼」
「對方的幾句話就讓我氣餒」
「因一次或二次的失敗就放棄」
「好不容易會面了，卻說不出感謝的話」
「不再有聯絡、會面的機會」

每次授課時，都會請學生發表個人的進展狀況，但是，多數的學生是即使腦子裡知道應該做的事，卻不知為何**「沒辦法馬上做」**。

只要再「推一下」，就可以和心儀的對象會面，或者只是再「踏一步」，就可以締結終生的情緣……。

但很遺憾，每週總是會聽到半途而廢的行動和成果。

最後，「積極行動的人」獲勝

而且，為期1年的課程結束後，閱讀學生的感想時，備感驚愕！

其中，有學生表示因獲得「馬上做的勇氣」而感謝我，同時也有學生說道

「對於無法踏出一步的自己」而深感苦惱。

此外，雙腳發顫無法踏出一步的人，並非僅限於學生而已。聽課的年輕社會人，似乎也有同樣的煩惱。由此令我深痛感到，20歲世代年輕人現在最需要的是讓他們習得超越裹足不前的怯懦，能夠**「馬上做的手段」**，更甚於學習創業的方法。

的確，在企業經營的現場上，目睹所接觸的20～30歲世代年輕人的言行，不禁令人感覺到，最近**「積極行動（＝左思右想，陷入苦惱之前就行動）」**的類型大幅銳減。

另一方面，想到超過1000人的我的電子報（Mail-Magazine）讀者＝有來往者當中很活躍的人，不問行業或職別，**無一不是生氣勃勃快樂度過每日的「積極行動的人」**。

受到參加上課的出版社職員的建言，把我在無意識中對學生即興說出的「馬上做技術」彙整成一冊，而且在部落格上發表。

書名雖是『超行動力，夢想「動」起來 不要「凍」起來！』，然其內容與其說是「手段」，毋寧說是較接近「心態」、「思考法」。

「使用頭腦思考很困難。活動身體就容易。但是，身體卻不動……」

本書，就是為了這樣的人所出版的頭腦和心靈的伸展集。準備了因應31種煩惱的對策，一點一點逐漸讓頭腦和心靈變得柔軟有彈性。

我的身體，原本是屬於僵硬的體質，儘管如此，但我知道只要每日一點一點舒適地伸展身體，就會變柔軟。無論身體或心靈都一起動起來。

學生在短短一年的訓練中，也都能看到他們漸漸成長。

因此，我確信「怯懦的人，只要改變想法就能安心踏出腳步」。

當然，**不需要擁有先天性的性格或特別的能力等**，請安心嘗試看看。

那麼，就讓我們一起培養「積極行動」的勇氣，和新的「習慣」吧！

著者

Contents

為了思考過多而裹足不前的人

『超行動力，夢想「動」起來 不要「凍」起來！』

PART 2

不要在意周圍的人，馬上做！

PART 3 不畏懼失敗，馬上做！

PART 4 不輸給「自己」，馬上做！

PART 1

馬上跳進對方的胸懷裡！

Q1 無法從自己率先發聲說話

面對初次見面的人或交往尚淺的人，「無法先從自己開口說話的人」正在增加中。在「親密交往」以前，「連發聲說話都感到棘手」的人，根本就不用談事業上的成功，連度過豐富的人生可能都有困難。

大學裡「起立、敬禮」

或許在家人或社區裡「始於寒暄，終於寒暄」的溝通變得淡薄，也是造成這情形的原因之一。即使是不認識的陌生人，只要彼此視線相交就露出笑容寒暄的微笑文化，在昔日的社會是司空見慣的情景。因為沒有從幼小時期就培養「**寒暄的習慣**」，以致對積極說話使彼此關係和睦感到棘手的人增加，是想當然耳的事。

於是，我在授課中規定，上課從「起立、敬禮」開始，到「起立、敬禮」結束。而且，不是從學生開始說，而是從身為講師的我開始打招呼說「歡迎來上課」，再請學生覆誦。

對此「在大學是獨特的情景」，或許有人認為毫無意義可言。但是，結束1年課程閱讀學生的感想，令我印象深刻的是「參加這堂課的學生們，在校園碰到面都會互相打招呼」真是令人高興的聲音。

或許，不要認為只是「寒暄」而已。寒暄，正是「透過身體記憶踏入溝通入門」的第一步，是「積極行動」的訓練。

「寒暄訓練」的方法

可是，向熟識已建立人際關係的人問候打招呼，並不能算是訓練。我所建議的是，**向每天都會見到面，卻從未問候寒暄的人**，進行有活力寒暄的練習。

❖ 透過「寒暄訓練」，可看到不同的世界 ❖

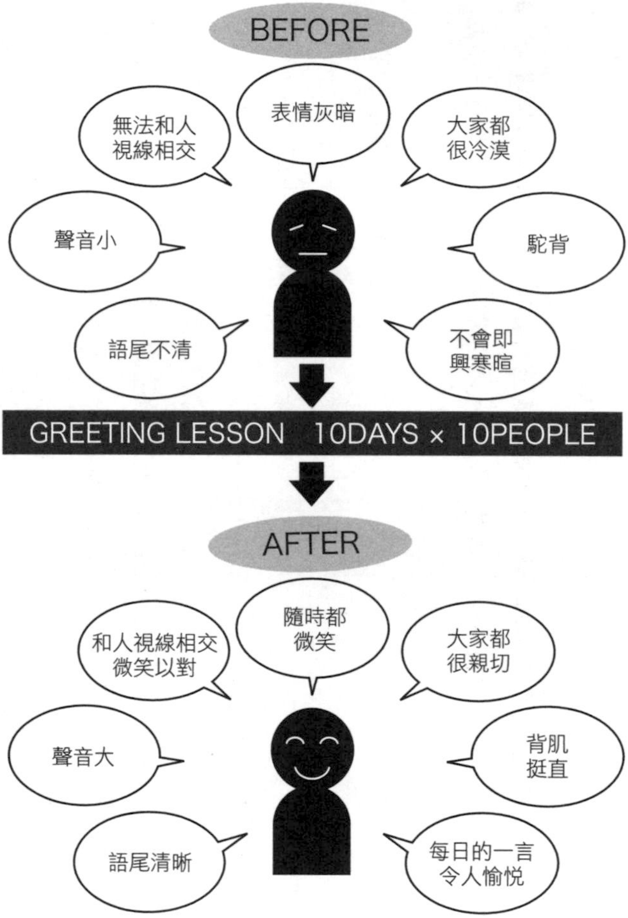

馬上做 1

1日向10位陌生人寒暄問候

警察局的警察或送報員。公車的司機或車站站員。保全人員或清潔的伯伯、阿姨。飲食店或便利商店的店員……。

向這些人寒暄問候，一開始或許會覺得難為情，非有一點勇氣不可。而且，開始時或許對方會感到驚訝，而很有可能沒有回應。

即使如此，**持續每日對人寒暄問候是很重要的**。若能實行，相信不出10日必有效果。不久之後，對方也會每日以笑容回報你。

而且，加上一些對話時，就會變成小小的成功體驗。將此10日的練習，以陌生的100人為目標不斷練習吧！

以溫和的笑容、親切的聲音反覆練習寒暄之後，必定可以和多數人融成一片。一旦察覺到能自然實踐，就是開啟人生的開端。

Q2 沒辦法馬上打電話

對陌生人、交往尚淺的人＝將來的重要客戶，「沒辦法馬上打電話」的情形不斷增加中。

可以的話，都盡量透過信函來解決。

即使通上電話，也欠缺深入結交的氣氛或感受。

一旦遭到對方的拒絕，便心灰意冷。

這樣的人似乎不在少數。

可是，即使是透過電話和陌生人取得會面約定的老手，能真正見到面的機率還是很低。

或許會因業別或商品等而有所不同，但聯絡了10通的電話，只要有1通同意會面就屬萬幸。

可說是「不接電話、不想會面是理所當然的事」。

因此，了解「電話的成功率」低，而抱持「心情不要無謂的低落」的心態極為重要。

一開始的一句話定勝負

其心態或對策，就是對「一開始的一句話」用心。

所謂用心，不單單是精神上的問題而已。具體言之，必須有3項的準備。

①事前調查準備通電話的對方所喜愛的話題。

②以對方感到舒適的聲音和言語通電話。

③簡短易懂傳達會面的要件＝對方的優點。

其實，身為經營者的我，每天都會接到想會面或推銷商品的電話。因為我沒有設置秘書，偶爾會自己接聽電話。很遺憾，多數的來電都是漠視接聽者感受的「令人不快的電話」。

根本就沒有先調查我的公司或我的狀況，只是看著名單依序打的電話。不知是否對這種反覆的作業感到不耐，在其言語上感受不出任何的溫柔或關懷，簡直就像機器人一樣。而且，擔心在說出業務的瞬間很可能電話就被掛斷了，於是隱瞞真正想要販售商品的資訊，以如同社長的好友般打來的欺騙電話。

一再從事如此電話的工作，會使那個人的心變得頹廢、失去溝通的能力，進而導致他在公司的信用或業績一路滑落。

準備可讓對方有活力的事情

因此，事前在網路搜尋，調查公司和社長的狀況後，再打如下的電話。

「我在貴公司的網頁（〇〇社長的部落格）上看到□□的資訊，銘感在心」「為了擴大販售□□（為了降低□□的成本），敝公司的△△一定對你有所裨益。於是打了這通業務電話，我可以寄送資料給你嗎？（可以會面嗎？）」

接到口齒清晰，充滿活力，就像直球般的電話，是連我都會忍不住想見個面看看！

即使這次通電話的需求不符，也會對打來電話的負責人和其公司有好感。而且，感覺如果有機會，還希望能夠和那位負責人說話。

通了10次電話，只要有1次掌握住使通電話的對方感到愉悅，那麼，對打電話一事也會感到輕鬆快樂了。

馬上做 2

打電話之前，準備1個有用的題材

Q3 不知如何書寫第一封信

「能否成功，事前準備決定8成」

我在證券公司時代獲得所尊敬的上司，被譽為「業務達人」的教導。**信函的關鍵，在於事前準備**。尤其，郵寄給對方的最初信函極為重要。寄出對任何人都以相同的底稿&舊稿重寫的「草率工作」信函，是很難達到和對方誠心的溝通。

●事前在網路搜尋

無論對任何人寄出信函之前、會面之前，首先應該要做的就是「網路搜尋」。在現在是十分便利的事，在Google或Yahoo上，輸入對方的姓名或公司名

❖ 擴大人脈的信函書寫法 ❖

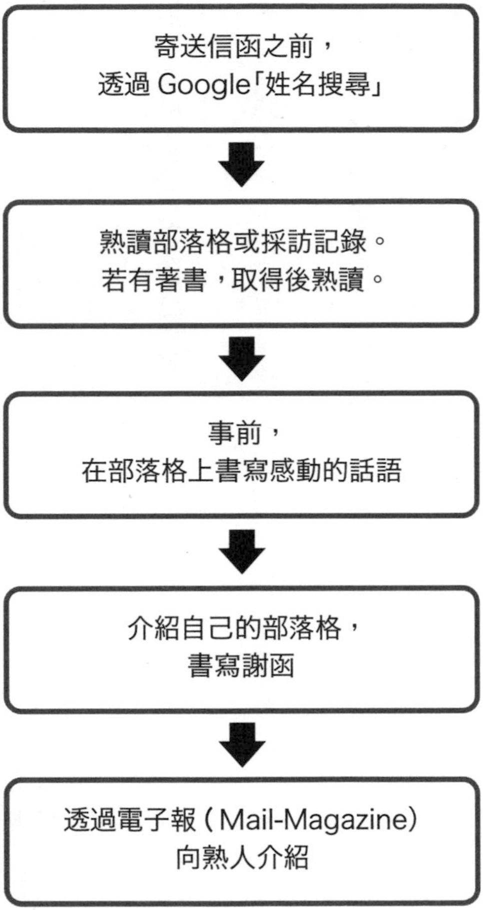
寄送信函之前，
透過 Google「姓名搜尋」
熟讀部落格或採訪記錄。
若有著書，取得後熟讀。
事前，
在部落格上書寫感動的話語
介紹自己的部落格，
書寫謝函
透過電子報（Mail-Magazine）
向熟人介紹

稱等進行搜尋，就可以免費收集到資料。

公司的網頁自不待言，客戶的個人部落格、介紹報導或影音資訊等均可覓得。或許，在交遊網站等SNS上也能找到姓名。

大致瀏覽這些寶貴資訊的所需時間，頂多10分鐘左右。如果沒有時間，就列印出來，利用上下班途中的空檔來閱讀也可以。

●從初次見面就可以深入談話

如此般閱讀從網路獲得的資訊後，「心」和「腦」自然就動起來。

- 首先，從哪個話題切入才能使談話熱絡呢？
- 對自己或公司的哪個特長產生共鳴呢？
- 以哪種事例作說明，才能使對方信服呢？
- 給予甚麼資料或樣本，可讓對方高興呢？

或許，在無意識中，察覺到自己正在一邊對照著過去的經驗，一邊思考信函的架構或會面時的計畫。

如果有不懂的專門用語，可透過維基百科等的網路辭典搜尋。辭典上應該都有淺顯易懂的解說。此外，若因經驗不足而思考不出好的提案時，不妨坦率請教上司。

以如此簡單的事前準備，即可提高信函的開封率或回函率，在會面時也能讓談話熱絡深入。但很遺憾，連這樣簡單的事情都無法勵行，成為習慣化的人還真不少。

因此，培養從網路、維基百科搜尋資訊，徹底收集信函、會面時的題材的習慣，就會出現和他人的差別化，而擴大自己的機會。

馬上做 3

從網路、維基百科搜尋信函、會面時的題材

Q4 無法讓會面和「交往」接軌

好不容易才見面，但談話不熱絡，無法引起共鳴，從此以後再也沒有見面的機會。

這是讓人感到相當難過落寞的事。

原因是「3個不足」

無法活用寶貴的「一期一會（千載難逢）」機會的原因是，

①會面前的準備不足
②會面時的傾聽不足
③會面後的追蹤不足

就是以上的「3大不足」重疊存在所造成的。

而且，多數陷入此「3個不足」的根本原因，在於「對會面對方的誠心不足＝無關心」。

可悲的是，在過去「沒有和赫赫有名的人見過面」「只是表面上淺淺的交往」，就容易變成無關心。「不了解無論是誰都有意料之外有趣的一面」「沒有察覺到任何人都有值得向他學習的事情」，是非常令人惋惜的事。因此，首先從「擁有關心＝誠心」開始。

比「感謝信函」更有力的「感謝部落格」

無論是誰，都不會在以真摯的關心對待自己的人、產生共鳴理解的人、表示敬意的人的面前，閉口不說一句話，或立即趕走對方。

記住以上所述，養成排除「3個不足」的習慣。

①排除會面前的準備不足

在會面之前，透過網路調查會面對方的狀況，那麼，見面時所說的第一句話就會不同。這個人的網頁、部落格、書籍等，充滿使談話熱絡的素材或啟示。

「前一日發售的新商品，獲得絕佳好評，被搶購一空。我也很快就買了一個。」

「上次舉辦的促銷活動，非常成功。我和家人一起前往參加，非常有趣。」

「我在部落格上看到你走遍各寺廟的情景。」

「拜讀大作時，有句話給我很深的印象。請務必在這本書上幫我簽名？」

在交換名片的前後，只說這麼一句話，即使是初次會面也會讓談話熱絡，讓話題的深度有所改變。

②排除會面時的傾聽不足

在會面談話中，經常可見單方面一直在談和對方無關的事情。或者，覺得事先準備的商品推銷話題不完全說盡就會感到不滿意。

所謂「傾聽」，顧名思義，就是「傾耳認真聆聽對方說話」。無論如何，都要以對方為主，自己為輔。順著話題的流動，提出問題，**如果你能聽出對方最想說的話，那麼就是最高明了**。

「在開發這個新商品的背後，受到怎樣的辛苦呢？」
「那次的促銷活動有多少客戶參加呢？」
「你最喜歡的寺廟是哪一座呢？」
「你預定下次要撰寫怎樣的大作呢？」

依據事前調查的資訊，適時提出問題，真摯傾耳聆聽，一定會讓談話熱絡。當然，還不是很熟悉時，別忘了記筆記。

③排除會面後的追蹤不足

為了不讓快樂的會面1次就告終了結，會面後的追蹤是何等重要。**為此，牢記會面談話時留給自己印象最深的話語極為重要**。依據這些話，在自己的部落格上書寫致謝的部落格報導。然後，書寫檢附介紹部落格報導的謝函。

如果以謝函為契機，讓對方看到自己的部落格或網頁等而產生關心時，想必會回函給你。當然，對於對方的回函也要表示感謝。

而且，如果想要一生都和這個人交往，就要定期拜讀會面對方的部落格或電子報（Mail-Magazine）等。如此一來，在成為下次會面契機的同時，也成為談話的素材。

馬上做 4

以感謝的心對今天會面的人書寫部落格或謝函

Q5 無法向忙碌的前輩、上司提出問題

平時都不容易出聲說話的前輩或上司。
工作越是忙碌，就越不可能出聲說話。
害怕在此時發聲提問，會被認為是令人討厭的人，或被嫌惡的人。
不過，這是很大的錯誤觀念。

因為是忙碌的人，才請他聽

對於忙碌的人，越是忙碌的時刻，就更要馬上提出勇氣向他發聲提問。
其理由大致有3個。

①能幹的前輩＝越想請教的人越有很多的工作，隨時都很忙碌。

不問職業或組織的大小，「越能幹的人，工作越集中，越是忙碌」乃為「常」。因此，等待忙碌的人有空閒，根本就是了無意義。

反之，不忙碌的人，或許就是不值得互相商量或同行的人。

因此，無論前輩的工作是如何地忙碌，發聲對他說「**5分鐘就好**」，請他給你空檔的時間。須知，越是能幹的人，越懂得活用這種空檔的時間。

果真獲得談話，而且讓對方覺得是重要的內容時，他一定會臨機應變把時間延長為30分鐘或1小時。

②越是能幹的前輩，越喜歡積極，不會遺漏報告、聯絡、商量的後進。

以我在職場或大學的實際體驗而言，總是對「時常提出問題或意見」的積極員工或學生擁有極大好感。

反言之，也經常會想到「為什麼只有這麼少數的人能果敢提出疑問呢？」

另一方面，在回答疑問後一起尋找解決方策，也提出建言，但所謂「消聲匿跡」的人也不少。雖然衷心期盼之後送來報告，但完全沒有反應的情形，不禁令人難過落寞。

當然，不靠自己的頭腦思考，也欠缺自己的意志，「任何疑問都要提出來」的狀況，也是非常令人困擾。如果所提出的是經過深思熟慮的疑問或有關夢想實現的問題時，一定會大受歡迎。

但是，不可思議的事情是越「經常提出問題的年輕人」，越擁有率直傾耳聆聽和馬上嘗試的執行力。因此，之後都能夠穩健發展自己的能力。

③越是有才幹的前輩，了解彼此都很忙碌時越可能發生問題。

若是經歷過職場激烈考驗的前輩，應該在其內心都會深刻銘記著在過去的經驗「不僅當事者，在上司忙碌而無法傳達意思時」，就容易發生問題。不知為何，當某一方忙得不可開交時，就容易發生問題。

因此，越是卓越的前輩，對於能在忙碌時提出「負面資訊」報告的屬下，越會給予好的評價。這主要是把可能演變成大騷動的問題，在還是小火當中就把它熄滅解決所致。

毋寧說是，卓越的前輩最害怕的，就是因部下粗心大意的判斷延宕報告，以致引起難以撲滅的大火災。

請別忘了，培育大家給予評價的卓越前輩或上司，即使工作再忙，也等待部下出聲向他提出問題。

馬上做 5

因為是最忙碌的人，請給我「5分鐘」。

Q6 無法和上司或同事據理力爭

「即使對方理屈，也忍耐作罷」

「即使如此，但在背後卻猛發牢騷和說壞話。」

不問業別或規模，在所有的企業裡經常可看到這一類的人。這種不負責任的人一旦增加，在短期上，企業的不順事情會接連發生，在長期上，則會變成企業衰退的要因。

令人心生畏懼的是，事態的演變不僅如此而已。

一再出現這2種不負責任的言行，**在不知不覺中就會變成自己的習慣，不久就成了自己的思考模式、行動模式了**。

如此一來，對上司或同事據理力爭，或報告替代案，勢必要有大勇氣才能做到。因為，或多或少都免不了會有摩擦。

我在新成立的創投企業、傳統性的大企業，以及中小企業裡，也一再的嘗過痛苦的經驗。開始展開新事業或新服務時，這種小戰鬥是家常便飯的事。

向上司提意見的技巧

克服障礙提出勇氣向上司或同事提意見，而且把摩擦止於最小限度，絕對需要要訣。

首先，自問自答，所提的是否是為了自己或所屬部門的小我立場來思考的問題。因為，經常會有對上司不服氣，或者和那位同事意見不合等，以小的自我而有所反彈的情形。這樣的爭執只會更增私怨，完全無建設性可言。應該思考的是，是否為符合**「買方有益、社會有益、賣方有益」的「三方有益」**的反駁或提案。

從所謂「買方有益」的立場，若因自己公司方便無法滿足客戶的需求而引起不滿時，就必須代替客戶提出意見。

所謂「社會有益」，舉例來說就是危害社區或地球環境，將來會失去社會大眾的信賴，可能遺害子孫時，就必須直言不諱。

❖ 以自我為中心的動機，是無法通過的意見，以”三方有益”來思考，就能順利傳達 ❖

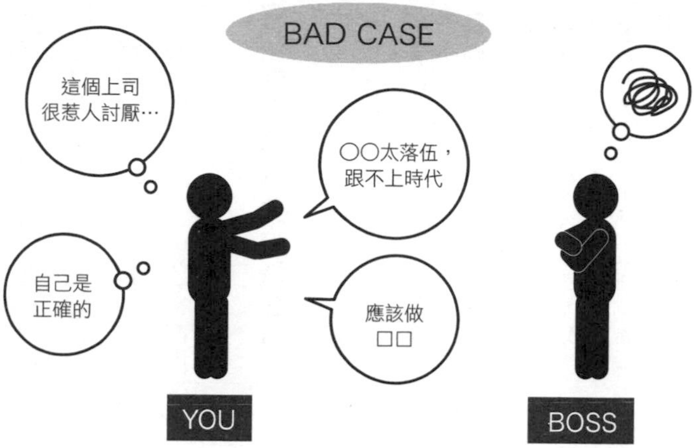

所謂「賣方有益」，是邊取得客戶和社會的信任，邊折取會演變成將來問題的芽，讓自己公司能穩定獲益，長久續存。

不是出自小的自我，而是站在「三方有益」的大觀點所思考的意見，就必須毫不猶豫地發言。即使，在短期內受到憎惡，但確信在長期上能和客戶、社會、同事的喜悅相串連時，應該會湧出據理力爭的勇氣。

避免無意義摩擦的發問力

另1個應該注意的是，對上司或同事的判斷「**感到疑問時，當場立即詢問**」。這是為了不引起不必要的爭執、不會有無意義不滿的簡單又有效的方法。

當場就詢問，其實獲得接納的情形不少。例如，乍看不自然的決策，或許是從超越自己思慮的「三方有益」的判斷所做出的也不一定。如果了解其來龍去脈，就能化解胸中的納悶。

有時，自己靜靜提出的問題，或許會引起上司或同事的注意，而變成新的對策也不一定。透過提問了解對方的判斷力或幹勁的引導手法，不僅從上司對屬下有效，**反向實行也是有效**。透過提問有加深彼此理解的情形，但也有無法改變眼前獨善性判斷，或信服的情形。此時，就要有堂堂正正據理力爭的勇氣。

不要有所畏懼。幸好，我所服侍過的頂頭上司，都是能夠站在客戶的立場或長期性的觀點，向高層提出意見的人，其結果，公司內外的支持者大增，現在都非常傑出活躍著。這些令人敬愛的上司，無一不是我的最佳榜樣。

馬上做 6

確認「三方有益」，即可堂堂正正據理力爭。

Q7 做不到突然造訪

在我的職業經驗中，沒有比「突然造訪」更有助益的特訓。

可是，察覺到「突然造訪」的重要性，而積極進行的人卻不多。詢問年輕員工或學生，回答的應該是最不喜歡的工作。

支配業務的「機率變數」

我的社會人生活，是從向街上玩具店進行家庭電腦遊戲軟體的突然造訪開始。

因為手上沒有玩具店的名冊，所以在車站下車後就走在路上向孩子打聽。然後，在沒有預約之下就直接前往拜訪。

在此之下，令人悲從中來的事情是，在門市看到堆積如山滯銷的自己公司製造的遊戲軟體。因此，不只是無法推銷，甚至從「你來得正好。把這些帶回去」的一句話開始彼此的對話，乃是常事。在此狀況下，學歷、成績，或者在大學研習會上所研究的方法，一概都派不上用場。

「為甚麼我會這麼倒楣呢？」

「處在這種逆境下，無論是誰都無法推銷產品。」

自問自答後，不僅心情低落，更失去自信，每日所想的就是自己是否選錯職業，而自怨自艾。可說是好幾個月都處在茫然自失的狀態。

不過，在持續3個月自我欺瞞的「突然造訪」中，漸漸出現了變化。在不斷增加訪問次數中，出現傾耳聆聽我的敘述的客戶，在交談中，有突然察覺或感覺到的事情。

此外，了解在「突然造訪」上必要的是，「量」勝於「質」，就是「訪問件數」和「訪問次數」。**深切感受到極為當然的機率變數和經驗法則**。一件一件、一次一次，如果有哀嘆心情低落的空閒時間，不如就再一件、再訪問一次，累積下來，想和自己會面的人，或者會面談話的時間自然就增加許多。

而且，學歷等內在基礎的無自信就會褪去，而能夠坦然面對唯有以活生生的自己來決勝負。對於自己進公司之前就有的客戶的不滿，或評價不佳的新作軟體，都能豁然想開「這是現在擺在眼前的困難，是值得解決的課題」。

無關緊要的談話受歡迎

在和客戶的談話中，才赫然察覺他們的最大煩惱是，「陸續有新作上市，明確區分成缺貨的人氣作品和滯銷的不良品，致使採購困難」。即使如此，我還持續單方面推銷說「請購買我們的新作」。意即，我是一個怠忽努力詢問、察知客戶有甚麼煩惱的「**對人感受性0**」的人。

只要了解客戶的煩惱，就可以明確知道自己可以做甚麼。若無其事地向關係良好的零售店、批發商收集「成為話題的軟體，預定採購多少」的資訊，然後提供給其他的客戶成為啟發的資訊。此外，在遊戲展示會中所碰到的孩子們，或家庭電腦專門雜誌的記者的資訊等，都可以傳遞給客戶。

無論如何，以提供和競爭公司軟體有關的資訊為中心，乍看之下，似乎會以為對自己公司產品的販售毫無益處。但是，就因為提供這一類的資訊，而能隨時受到客戶的歡迎，進而進行吐露真言的對話。在此之下，非常不可思議地，在不知不覺中會覺得前往客戶處是一件快樂的事。

無關職業，只要了解客戶的煩惱，活用想像力收集必要的資訊，應該不是困難的事。而且，不可思議的是，在量重於質之下和客戶深入交談中，可獲得寶貴的資訊和智慧。而且，也慢慢磨練對人的感受性和想像力。

這些的能力，僅憑學校或網路是學不到的，亦非端坐在書桌前即可習得。這是要跳進客戶的內心裡，有時會遭到拒絕，有時甚至會遭到冷嘲熱諷，但是，唯有在獲得信賴的過程中方可磨練出「生存的技巧」。

馬上做 7

想像對方需要的資訊或煩惱。

Q8 無法在遭到拒絕後，繼續緊咬不放

「我們不要這種產品」

「我們決定購買其他公司的」

「你不要再來了」

自己竭盡所能推薦的產品，只在對方一句話之下就完全被否定掉，真是令人捶心頓足。所謂不知如何回話，才是真正的心聲。不過，自己的提案遭到否定時，未必是提案內容或表現方法有問題。

一次就OK是相當幸運

多數的場合，商談都會受到「時機＝Timing」所左右。

因此，雙方的「交情」較深，且「運氣」較高時，就容易完成商談。

例如，直接到我這裡進行突然造訪的人的提案，首先8～9成都會遭到我的拒絕。前文提及的「令人難堪的一言」，其實我每天都在說。

不過，絕非是厭惡那家公司或負責人。是以現在還沒遇到需要的產品才拒絕的情形居多。

其中不乏略有興趣的公司或商品，也有值得向他採購的人。即使如此，但**不知為什麼多數人都是1次就氣餒放棄，之後就不再聯絡**。

對於最初的1次就成交，要認為是時機和心情都最為適宜，不僅運氣好，也受到交情之賜，純屬例外。

毋寧說是，即使遭遇到前文所提的嚴酷的「否定答覆」，也要敞心想開「第一次被拒絕是當然的」，而在其答覆的背後隱藏著「尋找可能的曙光」。

①「我們不要這種產品」→其他的商品或公司也許會買

如果只有1種商品的公司又另當別論，多數的場合應該都會準備符合客戶需求的商品。依情形，除了自己公司的商品之外，或許也會採購其他公司的商品來販售。對於開口說不要的客戶，打聽他究竟需要甚麼商品，在下一次的拜訪時就確實準備好。

②被告知決定購買其他公司商品的情形↓或許下次就有機會

已經進入估價的評比階段時，或許下次的評估就有參加的可能性。毋寧說是，已經決定比價之後，或許也能打聽到各種參考的資訊。例如，能夠打聽出採購的關鍵所在，或許在下一次就能夠提出更符合客戶需求的提案了。

③被告知不要再來了↓或許對方是在考驗你的耐性

如果被告知「不要再來了」，或許我會認為一半是真心話，一半是在考驗承辦者的感受。但實際上，能夠繼續挑戰幾次的人是少之又少。即使要領稍微差一點，但只要頻繁拜訪，或許對方會逐漸答應見你，甚至給你一點啟示。

●掌握住重點，就是一大進步

第一次是當然的，即使遭到幾次的「否定」，也無需氣餒。

為何會被否定呢？會給予重新再來的啟示。這情形在你越頻繁拜訪越被否定當中，會顯現得更明確。

對冷漠一言所回答的言語，絕非口頭推銷術，亦非表面的應酬話。率直地對自己的學習不足表示歉意、引出「對方感受」和「真正需求」的提問力極為重要。如果能夠在此引出啟示，那麼對下次的訪問就有極大裨益。

一旦掌握下次再訪的機會，就深深致謝，且說「我會繼續努力學習，重新再來拜訪」，開朗地向對方傳達再挑戰的決意。

馬上做 8

無論被否定的理由為何，「我會繼續努力學習，重新再來拜訪」。

Q9 對方是大人物就容易有所顧忌

「大人物」和「小人物」——。

和哪一種人接觸比較困難呢？如果被詢問和哪一種人接觸比較辛苦困難時，**我的回答無疑是「小人物」**。

對於這種乍看似乎正好相反的回答，或許會感到驚訝。不過，這是我接觸很多「大人物」受到斥喝激勵的經驗法則。

大人物具有7項特質

毋寧說是，和「大人物」相處時，可以按照所想的慢慢放鬆而更容易表現自己。

為何如此呢？如果只是表象的「徒具其名的大人物」則另當別論，「真正的大人物」，絕大多數是擁有大度量和鑑識眼光的人，而可以令人「安心」。

在我交往接觸的「大人物」中，都擁有所謂「大人物」的特質，茲列舉如下。

①不在意年齡、性別、地位、職位，以其人的本質來評估。
②對於確實做好事前準備，明瞭結論或議題的人予以好評。
③對於理解理念或本質更甚於其地位的人予以好評。
④對於熱忱談論所擁有的夢想、理念、熱情的挑戰者予以好評。
⑤無論哪一種話題，只要有嶄新趣味性和誠意，就會傾耳聆聽。
⑥大人物和周圍多數人相比屬於少數，所以比較孤獨，但追求心靈相通的朋友或弟子。
⑦寄出能打動其心的致謝部落格或謝函，必定會回函。

因此，如果是擁有「馬上做！」習慣的人，就不需要有任何的畏懼。在會面之前，只要努力吻合對方的大度量和鑑識眼光，應該可提高「獲得好評的可能性」。

實際上，就我所經驗的事情或實踐的事情來看，可感受到這樣做就不會辛苦困難了。

①和大人物會面時，**只要表現平時的自己，不要矯飾即可**。比現在的我年輕一輩的人，即使身穿T恤，只要讓對方了解這是你工作時的衣著，或許會讓對方覺得有趣而予以好評。

②對於要會面的人，**盡可能在事前**透過網路、雜誌、書籍等調查其資料。一開始就能簡潔提出活用對方的希望和自己強項的提案，即可展開有效率的議論而獲得讚賞。

③比起公司的業績或知名度等表面性的事情，不如注目在採訪、傳記、部落格等所撰寫的**本人特有的資訊**。而且，以自己的語言傳達「令人感動的地方和獨自的意見」，比「冠冕堂皇阿諛的話」更能夠讓人欣喜。

④在大人物之前也不畏懼，儘管了解自己現在的能力不足，但也要熱忱闡述**未來的夢想**、**理念**。當然，也有因對方的警誡而感到辛苦的情形，但要認為這是受到對方的期待使然，絕不可灰心喪志，必須誠懇向他致謝，就一定能獲得好評。

⑤大人物絕不會中斷你的話說「我聽過你所說的」「以前曾經試過」等，而會洗耳恭聽。而且，會給予確切的建言，在接獲**善意的回應或經過的報告時**，比誰都還要高興。

⑥越是大人物越感孤獨的情形，在最初讓我感到很不可思議。或許是因為居高臨下使對方不容易了解自己的真意，或者覬覦地位居心叵測的人不斷增加所致。因此，比起諂媚阿諛的奉承話，不如熱絡談論能讓大人物對你**真正想做的事情引起共鳴的話題**。

⑦日理萬機的大人物，竟然對我的致謝函給予回函或回電，令我驚愕不已。或許正因為有這份關懷人的心或勤於執筆，才會成為大人物。因此，對於包括會面時受到感動的教誨，寄給對方致謝部落格或謝函，**必定可讓對方感到真正的喜悅**。

如此這般，比起「小人物」，和「大人物」的會面更能夠讓人放鬆，獲益也更大。

❖ 受到”大人物”青睞的7項原則 ❖

1 TRUTH(真誠)

表現真實的自己。

2 PROPOSAL(提案)

準備活用大人物的希望和自己強項的提案。

3 MESSAGE(資訊)

透過部落格等留意大人物的資訊。

4 DREAM(夢想)

熱絡談論自己未來的夢想、理念。

5 REPORT(報告)

報告相談時的心情過程。

6 SYMPATHY(共鳴)

由衷對大人物想做的事產生共鳴。

7 THANKS(感謝)

書寫感謝部落格、寄出致謝函。

仿效大人物的人性

在盡可能做好準備和顧慮之後，就大大方方進行自我主張，無論受到讚賞或斥喝激勵，應該都能得到超過自己期待的回答。

在和「大人物」的會面時，應該可以親身感受到「大人物」才有的人性。應該會希望從自己可以仿效的地方開始仿效。

在和對方會面的一瞬間，僅僅30分鐘或1小時，或許將成為改變**自己生活模式的戲劇性的瞬間**。

因此，希望平時受到「小人物」擺弄，因誤解或判斷錯誤的指示而使心情萎靡的人，能夠自己創造和「大人物」會面的機會。已經變成「設法就可以會面」時代的現在，這種事絕不困難。

馬上做 9

設法就可以會面，本週內就和大人物聯絡

▶ 寒暄是磨練「對人反射神經」的絕佳訓練

▶ 會面無法和「交往」相繫一起，是對對方沒有關心所致

▶ 忙碌的人，正等待有人和他談話

▶ 排除因小提問所引起的不必要的爭執或不滿

▶ 遭到否定答覆時，就認為「首次是理所當然」

▶ 比起小人物，大人物更容易交往，且對自己更有益

PART 2

不要在意周圍的人，馬上做！

Q10 無法最先舉手

在上課或聽演講，或會議上，經常讓人感到失望的是，即使詢問有無問題或意見，也是「非常少人舉手」。

仔細想想，這是非常「可惜」的事。

在上課或演講會，或會議的席上，沒有把只不過是「其他多數人」的自己變成「特別的存在者」，喪失了極為難得的「少數機會」。

最初的發問極為可貴

只要擔任過講師或主席的人，無論是誰都會對「最初發問的人」產生強烈的好印象。

與其說是對其內容，毋寧說是對最初舉手的「志氣」或「氣概」產生共鳴。

能一口氣消弭身為講師或主席，因無人提出問題而產生的失望感和無力感，是極為感謝的事。看起來就是能改變當場氛圍的「同志」。

此外，不可或忘的是，即使提出的是相同的問題或意見，但「最初提出的人」一定會讓人印象深刻。可謂「先言者得勝」。

亦即，在參加上課或會議之前，課予自己「**一定最先發問**」是很重要的。

一旦決定「一定最先發問」，為了找出發問的問題，一定會比平常更「認真聆聽」。

所謂「認真聆聽」，並非完全接納或記住講師所說的一切。越是認真聽講，應該越能從講師的話中湧出「為什麼」、「為什麼」的「健全疑問」。

不斷一點一點累積「是否每次都提出問題」的氣概和經驗，將對其人聆聽的態度帶來很大的影響。

即使如此，但「無法在最初舉手的人」，或許是因

「難為情」

「欠缺自信」

「說不出好的意見」

結果就任性地放棄大好機會。

不過，請站在講師或主席的立場想想。其實對「好的聽眾」「理想的參加者」所要求的任務，是和「無法在最初舉手的人」的想法完全不同。

如果只有「對說出意見感到難為情」的人來參加，那麼，身為講師或主席一定會感到無趣敗興。反之，「自信滿滿」說出意見，讓人感到「傲氣」或「自以為是」的人變多，也會讓會場很掃興。

不需要了不起的私見

講師或主席所要求的，並非「了不起的私見」。即使突然說出正論，也無法由此擴大話題。

對現在的演講或議論有說明不足的地方，或參加者共有的「疑問」或「煩惱」等，有助於加深全員理解的「好的發問」，才是重要。依據「好的發問」，可彌補上課或演講的空洞，進而成就「好的演講」「好的會議」。

一旦察覺此認識差異，即可了解在發問的時間或演講後的回程上「自信」滿滿論述「自己意見」的人，是「不了解氛圍」。

在「最初」「謙虛」提出議論加深理解的「好的發問」的人，對提升當場氛圍有極大貢獻。

因此，認為在當場萌芽的「單純的疑問」，才是「自己應該扮演的角色」之下，率先舉手發問。

馬上做 10

發問、發言必定第1

Q11 畏於坐在最前排

作為講師站在講台上時，最感到傷心落寞的是，最前排的位子空蕩蕩的。大學的上課自不待言，在多數的研討會、演講上，從後座開始坐起是「可悲的現象」。

因此，坐在最前座會變得非常醒目。

上課中，如果和講師四目相接，有時頷首有時點頭，感到有趣就大笑，無論講師或自己都會感受到幸福的氛圍。而且，在質疑問答的時間裡，希望最先舉手發問。

須知，希望最先發問時，特等席只有幾席而已。

或許會感到意外，但坐在講師眼前的「最前面的座位」，是最容易提出問題的位置。我以聽眾參加上課或演講時，會努力要求自己坐在最前面的座位。

最前座的優點

坐在最前座會讓人感到難為情，因此很多人都避之唯恐不及。

可是，只要一坐下，就會察覺到有意想不到的舒適感和輕鬆感。為何會如此呢？主要是在你提出問題或意見時，不會有大家一齊轉頭往後盯著你看的恐懼感。幾乎接近和講師或主席一對一說話的感覺。

此外，所謂最靠近講師，可實際感受到無法用言語形容的「氣魄」或「想法」。面對達人時，「**傳達法**」會因是否處在能了解氣息的位置而有所不同。

坐在最前座是不可能打瞌睡，因此自然會變成「認真聆聽」。感受講師的氣魄，四目相接認真聽講，自然能使講師想要傳達的訊息盈溢自己身心。對講師所說的一點玩笑話，能自然浮現笑容，對悲傷的話語能感動流淚。

講師一定會看到這種種的情景。坐在最前座有所反應的人，才是最重要的客戶。坐在最前排的聽眾認真傾耳聆聽，對自己的主張或喜怒哀樂表現同調時，講師也會感受到彼此契合而更侃侃而談。

提升溝通能力

坐在最前排聽講，是極為簡單又有效果的溝通訓練。

如果一再進行每次都坐在最前排，和一流達人做心靈相通的訓練，比起坐在後座只是聆聽的人，在溝通能力上一定會出現極大差距。

可以說是，自然培養**「讓眼前的人感到喜悅，形成容易談話氣氛的力量」**。

如此般在上課中，「最用心聽講的人」，率先舉手提出「好的問題」時，講師會感到無上的歡喜。而且，在上課後跑來表示要「交換名片」和說說「感想或意見」時，都會讓講師感概萬千。

因此，從下次的讀書會或演講會開始立即訓練看看。必須課予自己的新習慣，只有3個而已。

❖「無論甚麼都是第一」，可帶來好印象❖

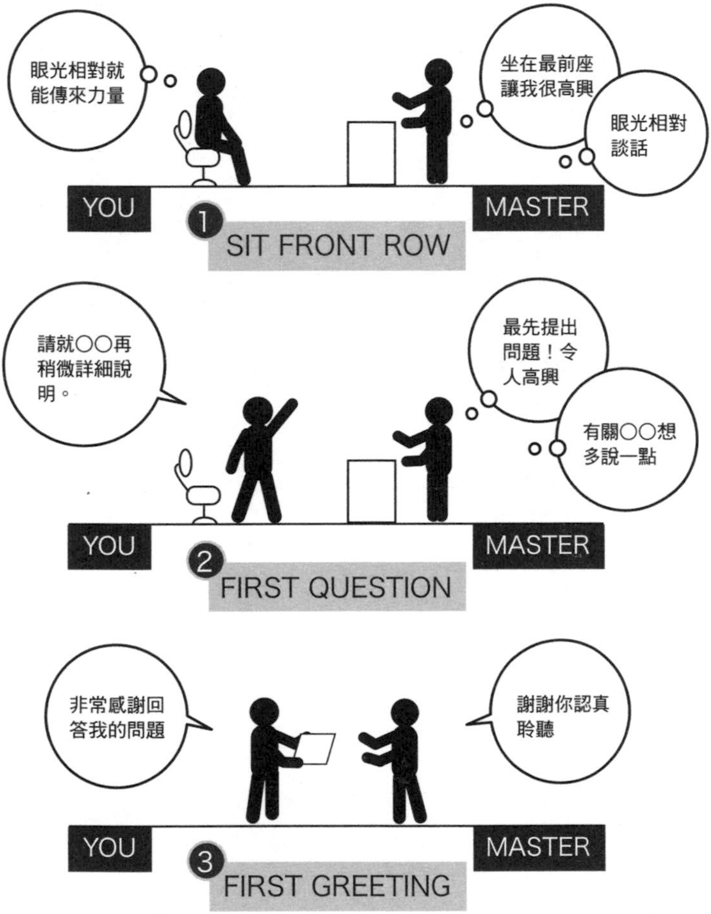

①坐在最前座，凝視著老師的眼睛傾聽

②最先舉手提出問題

③最先跑到老師面前交換名片

誠如所見，這些都不是特別的能力。

是否從今天就開始實行呢？

僅需的就是「決心」和「實行力」。

嘗試3次這3種新習慣之後，應該可以實際感受到其有趣性和效果。請務必坐在最前排舉手發問。

馬上做 11

坐在最前排、最先舉手、最先和老師交換名片

Q12 無法融入於宴會或聯誼會等

其實，我對參加宴會或聯誼會也感到很棘手。

刻意和對方說話，讓我覺得是虛應其事帶不起勁，而對方回應我的談話也會覺得很麻煩。

因為是和不特定多數人會面的宴會，所以沒辦法做事前「準備」。結果，就容易變成膚淺的「只是形式的會話」。

但是，可察覺到在某機會之下，利用交換名片時提出「一點問題」，就可以活絡會話，而改變關係。可經驗到因發問開啟對方的感受，而使彼此間的距離突然縮短。

從名片可看出值得交談的人

話雖如此，但也不需要特別的技巧或知識。

總括而言，只要擁有真摯關心對方的情感，以及提出問題的勇氣即可。

首先，仔細看看領受到的名片。仔細看看名片的正面和背面，就可以了解是否為值得交談的對象。

希望多和一個人溝通的人，首先從名片就要和別人有差別。

並非平凡的業務用名片，而是在名片上有讓話題變得熱絡的設計，就要多加留意。這些人（或公司）具有所謂「希望交談」「希望說話」強烈欲求的可能性頗高。首先，**建議和這種積極的人進行快樂會話的練習**。

例如，拿到「名片的色調或形式有趣」「帶有笑容的肖像畫或照片」「印有自己的座右銘」「印有個人部落格的ＵＲＬ」「個人名片或團體名片都給」等令人印象深刻的名片，就是機會。

遞出這種名片的人，比起公司的事情，更希望多談談自己的事。

於是，褒獎名片的特色之外，也提出簡單的問題。

❖ 與其找無法使話題持續的名片持有人，不如找可使會話熱絡的名片持有人 ❖

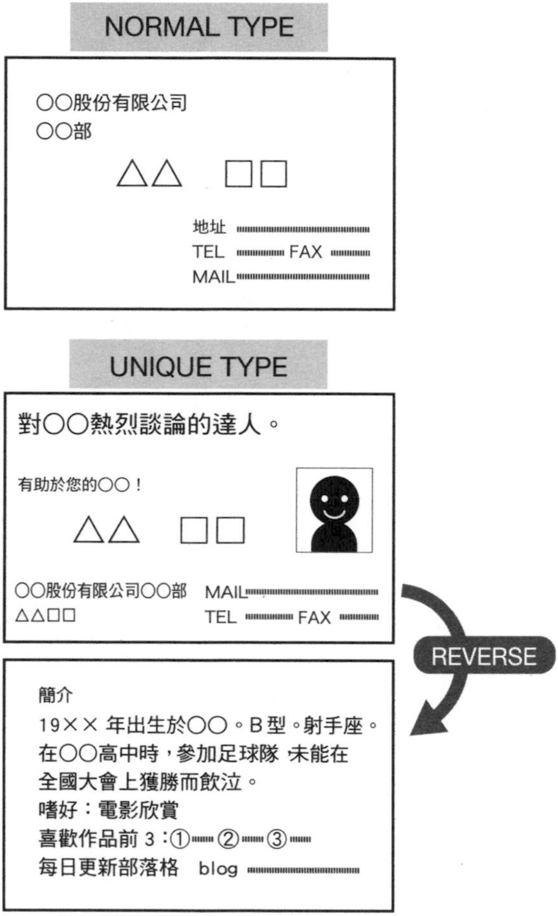

「了不起的座右銘」

「書寫怎樣的部落格呢？」

「這個團體是從事甚麼活動呢？」

這麼簡單的問題就很足夠。

之後，就配合對方的回答，回應你又想到的簡單問題。可說是面談的氛圍。在此當中，尋找和自己一樣的共通點，積極談話也很不錯。即使單方面聆聽也無妨。這種作法而使對方高興的情形也不少。

而且，即使是對持有普通業務用名片的人，所提出的最初問題是一般的應酬話，也是可以的。

「很出色的名字。您是哪裡人呢？」

「現在是從事甚麼工作呢？」

「推薦的是甚麼商品、服務呢？」

總之，從對方不用想就能習慣回答的「簡單問題」開始，就可以讓會話變得熱絡。

能在公開場合變得積極的三種神器

不久，無論工作或嗜好上，窺出對方熱衷的課題時便提出，

「甚麼時候感到最快樂呢？」
「在甚麼時候會有成就感呢？」

如此般提出較有主觀性，有關終生事業本質的問題。有時，或許需要一點思考的時間。

不過，千萬不要操之過急，只要傾耳聆聽，即可聽到對方從內心湧現的有生命的言辭。

倘若對方有力且快樂回答這些問題，那麼，務必在最後提出關鍵性的問題。

「您的夢想是甚麼呢？」

若能配合這問題熱烈闡述的人，就請求以此為因緣務必繼續交往。即使各自攀登的山脈不同，但有幾位「持續走在路上的老師或朋友」，是很不錯的事。一面互相影響，一面鼓舞自己向前邁進一步的勇氣。

當然，自己本身在事前就要備妥能吸引人目光的名片，或能說出秘藏的夢想或終生事業的情形是很重要的。

即使對宴會或聯誼會感到棘手，但只要具備所謂**簡單的問題＋快樂的名片＋熱烈闡述的夢想**等三種神器，就不會有所畏懼，而能進入對方的內心裡。

馬上做 12

熟視名片。以發問尋找談話的關鍵，使會話熱絡。

Q13 害怕暴露「欠缺知識」

「連這個也不知道？」

你有過被如此嘲諷而直冒冷汗的情形嗎？

如今回想這情景，實在是令人感到非常難為情的體驗。可說是有洞就想鑽進去的窘境。

欠缺預備知識的優點

尤其是我的情形，我很討厭遊戲卻負責遊戲的製作和銷售、討厭股票卻被委託擔任金融計畫的服務企劃工作。每日倍嘗「應該知道的事情卻不知道的窘境」。

其後，在30歲出頭時就擔任董事長的我，業務知識是自不待言，作為經營者應該了解的財務、法務、稅務等的專門知識也都不足。因此，無論是公司外的來往商家，或公司內的人員都愕然，苦思不出原因。

可是，端看你如何思考。

因難為情而記憶的事，和只要用功就可以記住的事，哪一個會留下強烈的印象，且是作為有效的記憶留下呢？而且，哪一個對下次不要再犯相同錯誤的意識有益呢？

此外，在事前學習過任何事務而不曾犯下大錯所過的人生，和偶爾因羞恥而膽戰心驚，在下次的機會中順利克服而備感雀躍的人生，何者較為快樂呢？

此外，因為我沒有**被多餘的預備知識或先入為主的觀念所拘束**，結果，才能創造出不受業界常識拘泥的嶄新遊戲或軟體。

而且，在結構不景氣的T恤製造業上，能及早活用網際網路和對地球環境問題的關心。

不使用「過去舊經驗」的理由

我所尊敬，且是我的人生目標的大前輩林雄二郎先生，其作法更加徹底。

在40年前，撰寫預見現代的名著『資訊化社會』，進入耄齡的90歲世代依舊充滿活力生活的秘密，聽說是「**繼續向過去無助益的知識或經驗挑戰**」。

其證據是，即使從經濟部退休後，也不接受安插相關企業的安樂之途。反而是以社會創業家的開拓者，陸續成立不曾有過的嶄新公益活動。

請教他說，為何「不使用過去的舊經驗呢？」「怎能果敢踏上新又險惡的道路呢？」其回答，只有「這樣比較有趣」一句話。

例如，聽說林先生出外旅行時從不攜帶旅遊指南，悠然自在地欣賞偶然踏入的店，因出現意想不到的成功或失敗而備感有趣。

❖ 向新事物挑戰，無論成功與否都感到有趣，且有所得 ❖

這家店很吸引人。雖然指南上沒有介紹，還是進去看看。
RESTAURANT

GOOD TASTE！	BAD TASTE！
快樂！	笑笑！
・第六感和眼光正確	・第六感和眼光馬馬虎虎
・發掘指南沒有介紹的店	・告訴朋友給予告誡
・向朋友吹噓	・作為部落格的題材
・在部落格上介紹	

- 總之，無論哪一邊都讓人覺得有趣！
- 經常都是相同的店、誰都知道的店，就沒有樂趣了。

常言「旅行上的羞愧也無所謂（出門在外不怕見怪）」。

可是，並非是**「人生的羞愧也無所謂」**，而是**「還有所得」**。

越感到羞愧，越積極學習，絕不忘記，湧現一定要挽回頹勢的奮鬥精神。所謂羞愧，就是表示進行超過自己範圍的新挑戰。擁有如此觀念，就令人雀躍欣喜。

馬上做 13

果敢踏進頭一次去的店，點自己不熟的餐點。

Q14 不詢問人，就下不了決斷

我在大學擔任「在部落格上推薦喜愛的物品」創業論講座時，令我備感驚訝的是，因「找不到喜愛的物品」而來求我給予建議的學生。

而且，我認為既然是大學生，應該可以透過書籍或網路調查搜尋，靠自己建立部落格，但是，卻有學生滿口牢騷說「為什麼沒有教呢？」

或許，「自負風險，作出決斷採取行動」的機會壓倒性不足所致。

重新詢問「你應該怎麼辦？」的指導會之所以受到青睞，一定是有很多不靠自己思考的部下。

只有自己的決斷才可以讓自己成長

不是自己決斷所採取的行動，就不會伴隨「責任」。因為，即使失敗，也可以把責任推諉給父母或上司。而且，不了解決斷時或失敗時的「內心痛苦」，就品嘗不到成功時的「成就感」。

這種行事態度，即使繼續工作，也無法期待成長。而且令人心生畏懼的是，**「在自己決斷採取行動之前，還察覺不出這種極大的學習差距」**。

還有更加恐怖的事情。

就是連值得倚賴，提供協助的前輩或上司，「不想作決斷」的案例正在逐漸蔓延中。

踏入社會後，讓我感到驚愕的事情之一是，自己不作決斷的大人實在太多了。參加只是互相談話，不作任何決定的會議，徒勞無功地不知浪費多少時間。

不作出任何決定的會議，亦即不作出「在何時之前、由誰、做甚麼」的決定，就宣布會議結束。不僅如此，如果沒有組織全員共同指向「長期性的目標和短期性的目標」時，就會有連「各人的任務和權限」都自覺不到的情形。

一旦習慣處於這種不負責任的團體，而且在「問題往後推延」「大多數同調同氣息」的波流中，久而久之自己就變成「不作會伴隨風險的決斷的人」。而且，會養成在當場虛應其事「避免決斷」的習慣。

提高決斷力的5個步驟

如果討厭變成這樣的人，就挑戰以下的5個項目。

①即使是小小的決斷，也要有「靠自己本身進行為原則」的決意。

（選擇飲食或店家等日常生活上，不要在意他人的目光，靠自己決定。）

②向上司確認，自己在業務上能下的決斷到甚麼程度。

（在許可的範圍內，不倚賴上司的判斷。靠自己負責任下決斷。）

③需獲得上司許可時，首先坦率陳述「我是這樣想」。

④如果失敗，就真摯思考哪個地方出錯，也傾聽上司的意見。

⑤如果成功，就直率對自己正確的決斷感到喜悅。

這種**小的決斷＝實行＝驗證的週期**，在20歲世代、30歲世代當中是「勝負決定於能反覆做幾次」。

這是任何人都幫忙不了的事。

唯有從今日起靠自己的意志開始！

馬上做 14

在選擇店家上，絕對不可以說「哪一家都可以」。

Q15 過於解讀氣氛而無法採取行動

和我同屬工商團體的有志之士，曾經向全國的地區振興或發展的達人請教成功的秘訣，聽說獲得令人驚奇的回答。

「外來人、年輕人、傻人都能大顯身手」以及「不是協議而是強行」才是重要。

過於遵守常識會衰退

為了突破現狀，進行組織改革時，僅憑內部員工的智慧是有困難的，即使一再謀合協議，一樣無法向前邁進。

但最近，即使是「年輕人」，卻失去備受期待的所謂「外來人」和「傻人」的特性，無法在緊要關頭採取「強行」行動的人似乎正在增加中。

①質疑組織常識的「外來人」感覺

「某公司的常識」是「其他業界的非常識」，並非稀奇罕見的事。

當然，確實遵守崇高的經營理念或公司風氣，是公司的主軸。但是，經營戰略或戰術都不符合時代，而且任何人都沒有察覺而置之不理，是極為可怕的事。

如果對上司所說的職場或業界的常識認同有所差異時，就坦率地依自己的情感採取行動。首先，請教公司內各方面的前輩。而且，客戶或交易商是當然的詢問對象，也嘗試對異業種交流會等提出相同的問題。

在此之下，如果感覺「差距」很嚴重時，即使被人認為衝動，未經深思熟慮，也要以外來人的感覺「直言」。

倘若忽視其差距，**僅彌補眼前職場的人際關係，不久，就會爆發大問題**。

在自己成為領導者大顯身手之前，公司就宣告倒閉，豈非血本無歸了？

②沒甚麼損失的「年輕人」感覺

欠缺知識、常識、經驗，固然是缺點，但同時也是優點。

因為，可以做出不受拘泥的嶄新且大膽的構想。

加上，不會有甚麼損失、有活力、衝勁十足等累積起來，往往能做出前輩想做卻做不出的事情。

以組織的角色來說，年輕人，正是所謂引擎啟動器或加速器。但現在，**年輕人卻變成剎車或方向盤**，致使公司無法向前邁進。

③能埋頭鑽入喜好的「傻人」感覺

能一頭埋進喜好的事情，且貫徹到底，是傻人的特權。

但是，使用頭腦思考之前就行動的「富有意志力的人」卻逐漸變少。

本來，傻人就非常強韌耐打，**遭遇1次或2次的失敗也不會心灰意冷**。不會把困難認為是困難。

因此，直到成功之前，都會默默持續努力。

●成為引擎的人、不能成為引擎的人

無論是誰都處在無法以小聰明採取行動，或無法持續行動的可悲現況。

其中，唯有「外來人、年輕人、傻人」才能變成看不到的馬達或引擎，使沉重的汽車＝公司一點一點動起來。

如果，大家都拘泥於職場或業界的常識，而像年輕的老年人一樣提出「不能做的理由」，不免令人扼腕嘆息。在此之下，不僅無法過著有趣的人生，而且公司也難有發展。

必須擁有即使少數人反對，也要強力進行的胸懷和度量。

馬上做 15

3次協議，1次強行

Q16 無法請託或策動周圍的人

無論是誰，都要有請託或策動人協助的勇氣。

最近，有很多人因為怯於向同事或部下「請託」，以致唯有靠自己完成工作。

但是，靠自己一人完成的工作，極為有限。

如果工作是具有長期性且社會性的大企劃專案，取得自己的上司、年長的人，或實力勝過自己的人的贊同，仰賴其協助是必要不可或缺的。

毋寧說是「**召集多少比自己優秀的人**」，才是「會工作的人」的必要條件。

話雖如此，但有人卻以「自己沒有權力，也沒有智力」「沒錢，又欠缺人際關係，很困難做到」等等，列舉一堆「不能做的理由」，豈非動手做之前就舉白旗投降呢？

當然，擁有「權力」「智力」「財力」「人脈」……等，是再好不過了。不過，還有更重要的事。

讓2成的人呆愣

首先最重要的而且必要的事是，集思廣益，朝向1個「**大夢想的力量**」。而且，擁有連上司、長輩都感到驚訝的大夢想是很重要的。

依據2：6：2的經驗法則，如果擁有讓2成的人呆愣反對的夢，反之，可能就有2成的人認同你。

而且，這種大夢想並非一時興起或只是願望，**縱然是稚嫩、未完成的，但是，能夠讓人感受到是自己經過深思熟慮所懷抱的夢想的痕跡**，是很重要的。即使實現的可能性低，但要讓人覺得「不是無作為」，就非思考計劃案不可。

因此，雖是未深思熟慮，但或許會出現「擁有相同夢想」感覺的人。

如此的「夢想的請託」，只要是曾經有過追夢經驗的人生前輩，就絕對不會對你的請求感到「麻煩」或「困擾」。毋寧說是因領受到「樂趣」「雀躍」的題材，而感到興奮不已。

即使是眼前的「小請託」，也是相同。如果持續不斷陳述未來的「大夢想＝目標」，一定會有人出來支援。

比權力、實力更強的東西

其次重要的是，「**熱情**」。

傾心熱衷所懷抱的夢想，賭上自己時，自然會產生熱情。經過深思熟慮後，浮現達成夢想的形象，使熱情更熾烈燃燒。

自己的心一旦熊熊燃起，就能預感到「這條路雖遠又艱辛。但是，在曲曲折折中不乏快樂有趣的事。有值得傾注全力實行的成就感」。而且，這種預感在不久後就會變成堅定的信念。因此，會想到希望把這份熱情的火轉移到某人繼續燃燒。

湧起的熱情才能對「請託」之言注入生命，變成推動聆聽者的原動力。容易附帶在大夢想＝嶄新企劃專案上的是，非善意的冷嘲訕笑或意想之外的挫折，為了不受此影響，不可或缺的是熱情。

因此，向人請託時，與其說是以權力或實力為背景下達命令，不如說是以夢想和熱情呼籲參加較為理想。如此一來，不僅自己本身，連受請託的人都會感到快樂有趣，使彼此湧現幹勁和新構想。

徹底謙虛

不過，此時不可忘記另一個重要美德。

就是「**謙虛**」。

因謙虛，才能了解自己的無力，感受到和大夢想的差距。

因謙虛，才能痛切感受到必須結集更多的力量，否則難以達成目標。

因謙虛，越是大的夢想，越能直覺到超越自己的貪婪來達成目標。

因此，不會在面對比自己更有實力的前輩時感到畏怯，也不會對晚輩炫耀毫無用處的虛榮，而能夠很自然地請託幫忙。而且，受倚賴的實力者也會被熱情談夢卻謙虛的人所吸引，而伸出援手支持。

熱情談夢和謙虛，乍看之下似乎是相反的2方。但別忘了，以號召人群成為有魅力人物為目標時，二者都是不可或缺的車的兩輪。這2個力量一旦調和，就能做到打動人心的請託。

馬上做 16

熱情且謙虛地談「夢」

Q17 在意周圍的目光，無法採取行動

「這樣大膽的事，不知別人會怎麼想，感到很不安。」
「我在部落格上所寫的，可能有不同調的回應。」

如此般，經常碰到欠缺自信、行動力，卻「**不知怎麼會有過剩的自我意識**」的年輕學生。

但是，周圍的人並不如當事者所想的給予關心。

就像德瑞莎修女所感嘆的，現代是替代「愛心」被「無關心」的疾病所侵蝕。不妨嘗試看看，無論在哪一個車站前唱歌或跳舞，行經的路人頂多看個一眼就匆匆通過。

新進員工時代的我，曾做過在街頭發傳單、在百貨公司或書店做展示販售，而且還有過在電視的公開節目的後面手持標語跳來跳去，一再經歷了令人羞赧的

經驗。可是，絕大多數人都無視我的存在。即使是冷淡的視線，只要能看看我，就感到非常感謝感激。

希望某人能夠認真表示有興趣，是多麼困難的事。僅1次或2次的行動，是很難受到別人的注目。無論在部落格或電子報（Mail-Magazine）上，為了讓點閱率穩定，必須持續發信3年。

忘記旁人一時地訕笑

何況是「搶先時代的嶄新事物」或「正中標的的作法」等，在一開始時，往往是他人眼中的滑稽事。因此，即使受到冷嘲熱諷也毋須在意。無法洞察先機的人，或對下世代欠缺責任感的人都會嘲笑你的愚蠢，但不久，也忘了不用負責任地在嘲笑甚麼事。

如果在意這種不負責任瞎起鬨者的批評，豈非承受得住？而且，也是在浪費時間。毋寧說是，如果遭到多數人訕笑時，就能確信「這是嶄新又深具意義的事」。

❖ 只要有同志，就不用害怕。不行動，就找不到同志 ❖

如果是具有真正意義的事，即使看起來有些愚蠢，但也別停止發出訊息和行動。因為不知會在何時，一定會出現理解贊同你的人。而且，越是敏感度高、有影響力的人，越能即早產生共鳴。

彼此的夢就近在不遠的前方，為了實現各人的夢，一路上會成為夥伴互相扶持鼓勵。

約翰．藍儂的教誨

因此，偶爾受到來自周圍「乍看是良善好友」的訕笑，也毋須在意。

如果唯恐受到在一瞬間無法洞見先機的鄰人的訕笑，以致對於自己原本想做的事，或者應該立即採取行動的事有所躊躇，就糟糕了。

而且，無法遇到能支援自己的夢，且一起完成的「未來的夥伴」，未免就太可惜了。

毋寧說是，讓想訕笑的人訕笑。而且，不會對訕笑自己的人生氣，擁有自己也一起笑的寬容的心。

過去的我，在提到如夢般的事情而遭到嘲笑時，就會聯想到最喜愛的約翰．

藍儂的名曲「想像」。

做夢的人，絕非只有自己一人而已。

總有一日一定會出現一起逐夢的人。

閱讀本書的諸位讀者，能夠熱烈向我訴說大夢想，而且果敢踏出最初的一步，會讓我感到非常高興。然後，切勿操之過急，不畏失敗一再努力，一起實現各個夢想吧！

馬上做 18

透過部落格透露秘密，確認社會的反應

▶ 首先發問，是擺脫「其他多數人」的機會

▶ 簡單的提問和有趣味性的名片、熱忱談夢是宴會上的「三種神器」

▶ 20～30歲世代所進行的「決斷→實行→驗證」週期次數，決定自己的才器

▶ 僅判讀氣氛的人，其實無任何益處

▶ 只要擁有「夢、熱情、謙虛」，即可策動比自己優秀的人

▶ 嶄新的事或正確的事，開始時看起來都很滑稽

PART3

不畏懼失敗，馬上做！

Q18 失敗一次就放棄

「不耐打」

「馬上就氣餒」

很遺憾，在我擔任講師教授「部落格創業論」接觸學生時，不禁使我產生這樣的印象。

以自己的部落格替代名片，拿著提案做「去和想見的人見面」的課題，但只要對方稍微拒絕，就喪志地「馬上放棄」。

或許是幼小時期曾經有過「失敗經驗」「遭到否定經驗」，才導致現在這種做事態度。即使如此，更是因為「一再挑戰加以克服的實際體驗」等壓倒性不足所致。

可是，現在扼腕感嘆也於事無補。

感到經驗不足時，就從今天開始改變心態來累積實際體驗。即使一再遭受到否定又否定，為了培養能一面下工夫加以改良，一面繼續挑戰的習性，唯有實行一途。

啟開遊戲門扉的機率

原本，我是從事思考遊戲劇情的遊戲設計師。誇大來說，是決定向遊戲挑戰的人的命運，如『神』一般的角色。

在此，**「機率變數」**是很重要的。例如，決定打開某個門進行下一步驟的機率時，會以這樣的構想決定規則。

甚麼都不做，只是推門，打開的機率是50分之1。
可是，嘗試10次以上，機率會變成20分之1。
此外，如果經驗值超過一定時，機率會變成2倍。

而且，和特別的人見面，取得項目，也可讓機率變成2倍。

影響遊戲的這種「機率變數」，現在回想起來，就知道這是把先人們實際社會經驗法則作為啟示所製作的。

這就是「越是嘗試，即越是失敗，越能提高成功率」「越是累積經驗的人，越能利用人脈或工具的人，成功率越高」等，無論是誰都會信服接納的經驗法則。

經過幾次的失敗就能成功

那位經營之神松下幸之助，也是以所謂「大忍」為座右銘，對後進闡訴「成功的秘訣，在於獲得成功之前不斷累積失敗方可獲致」。這是在告誡，多數人都是在成功機率提高之前，遭遇幾次失敗就喪志宣告放棄。

我作為遊戲設計師，透過這種機率變數決定命運的構想，因此，不會畏懼一再的失敗。

❖ 因挑戰的次數、經驗、項目而改變成功率 ❖

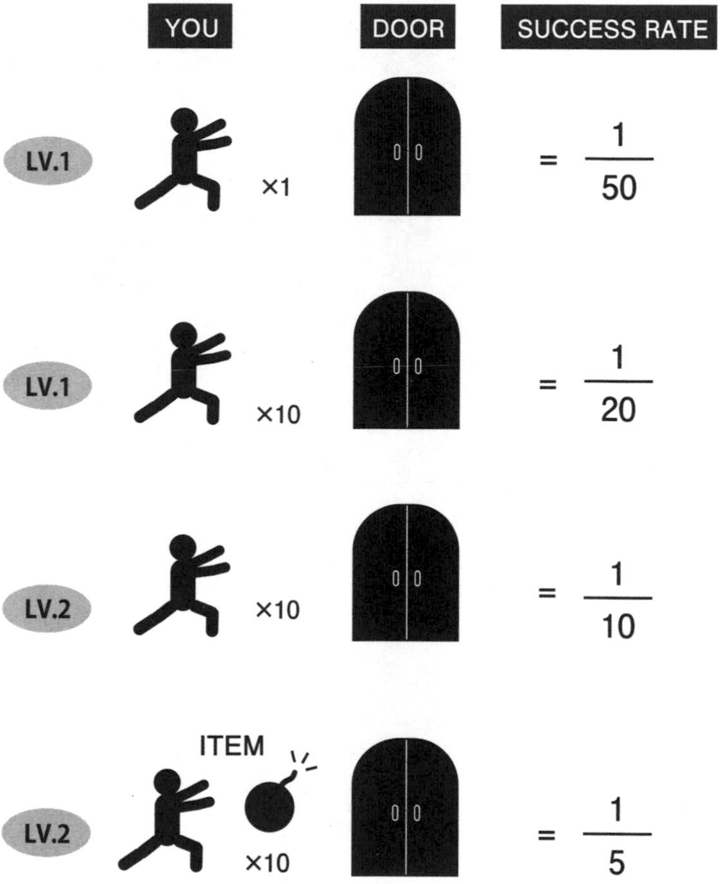

其後，也有面臨嚴酷的考驗，不斷出現失敗的情形。

「再失敗幾次，就可以提高成功率」

「再下點工夫，就可以提高成功率」

如此般，可以變成積極思考事物的狀態。

仔細想想，這只是一點「構想的轉換」而已。

並沒有特別提高技術。

可是，稍微改變心態，就可以變成耐打、有韌性的處事態度。

馬上做 18

1日1次失敗，將其次數視為「存款」記錄下來

Q19 無法一口氣加速。踩剎車

要求新手「加速」，會讓他感到可怕，認為是危險的事，但是，對於「熟悉加速的長官」，某程度加速增加速度，反而會感到輕鬆又安全。

我對「加速」和「提高技術」的密切關係，從持續30年以上的滑雪中學習到很多事情。

靠外力加速的「滑雪法則」

或許，有人會認為滑雪和工作或溝通是不同的事情。

可是，把自己逼迫到「可怕」的斜坡或加速，一旦越過自己的障礙，就會變得輕鬆愉快的這一點，我認為這種氣魄幾乎是相通的。

①高明使用外力加速

可能多數人都會認為，加速是以自己的力量為主體。

但是，在滑雪的加速上，則是以如何高明使用重力或離心力等的外力為重點。

在完成大工作之際，使用自己以外的夥伴或組織的「他力」，聰明把握時代潮流，是比「自力」更為重要。

②沒有多餘的動作或偏離就可以加速

越是滑雪高手的人，越沒有多餘的動作。

因為他們知道，突然加上的大力，會讓雪橇偏離而減速。因此，一面聰明調和外力和自己的力量，一面如水流般滑動。

工作，也是與此相同。

只想到靠自己的力量，超過必要的主張自我時，就會攪亂企劃專案的調和，致使原本可以順利進行的事項都無法進行。

③越是高段者，越能一再進行目光難及的修正動作

所謂高段者不會失去平衡，其實是謊言。

因為要在更難的斜坡快速高度滑雪，因此更容易比一般人失去平衡。

不過，以外行人的眼睛看不出的是，在大幅失去平衡之前，就不斷進行細微的修正動作。

在工作上，達人沒有不犯錯的情形。因為進行比他人更多的挑戰，錯誤自然也變多了，但是，為了不讓錯誤變成致命傷，會在檯面下進行及早的因應。

④如果在急斜坡加速沒有跌倒過，就超越不了障礙

不可思議的是，一旦滑過急斜坡或高速迴轉，下一次就會感覺簡單了。

亦即，比起技術性的障礙，心理性的障礙對滑雪的精進會有極大作用。

工作也是一樣。

一旦成功挑戰困難的工作或大型的工作，就能遊刃有餘地進行邁入成功之前的各項工作。因此，挑戰更困難的工作，直到成功之前持續奮戰是非常重要的事。

●害怕就一定跌倒

⑤無罣礙時可做到得意的滑動，但過於理智就會跌倒

有時，居然能做到連自己都感到驚奇的高難度動作。

此時，正是接近無掛礙的狀態，使「只是滑動」和斜坡合而為一。

但很遺憾，如果此時覺得「自己有這麼靈巧嗎？」而有所不安時，就會出現多餘的動作，而在下一瞬間就跌倒了。

在工作上，曾被教導「嚴禁漫不經心」，不過，「過於用心也有問題」。以平常心持續下去，才能長久維持良好的狀態。

⑥害怕和有趣只是一紙之隔

為什麼我可以持續滑雪30年以上呢？因為感到痛快、有趣。可是，其痛快感在簡單的斜坡上慢慢滑動時是品味不出的。唯有在接近自己極限的「可怕加速」上滑動，才能品味出痛快感和成就感。

進行好幾次都有相同良好結果的工作，或許也會讓人感到輕鬆愉快。但是，只要有一次「挑戰自己極限的工作」，以如履薄冰般的心情，在一再的失敗後獲得成就，應該就不會想要再回到原來的狀態了。

⑦不斷地重複練習，就可以自動地進行

滑雪，絕非一朝一夕即可成為高手。

為了修正自己不得要領的滑法，就必須留意被指摘的缺點，不斷的重複練習，除此之外，別無他途。在此當中，克服自己的惡癖，久而久之，即使不特別意識也能自動性滑動，而且也不會害怕加速。

只要了解這種絕妙的腦和身體的結構，即可明確了解工作上應該做的事。

對於棘手的事，要在沒有意識之前徹底反覆練習。不知不覺中，對加速也不再感到害怕。

然後，聰明活用自己以外的「他力」，即可輕鬆加速。

而且，不會在好不容易加速中自己刻意去踩剎車。

馬上做 19

果敢進行「高級課程」之後，就只要向下滑

Q20 過於對準時機以致無法行動

無論是誰，在新工作的一開始時總會感到害怕。無論如何，腦中總是盤旋著可能失敗的消極性要因。

此時，將「現在」「1年後」「3年後」，隨著時間的經過，「成功率」會產生怎樣的變化做成表來思考。沒必要進行誇大的市場調查。把手放在自己的胸前，以直覺來思考，自然就能得到答案。

「成功率推移表」的作法

首先，使用手寫或表格計算軟體均可，橫軸6格、縱軸8格的表，上下各畫2個。在上面的表上寫「**甚麼都不做的情形**」，下表上寫「**現在馬上開始的情形**」的標題（參照109頁）。

在橫軸上，各寫上「現在」「1年後」「3年後」「5年後」「10年後」的時間軸。然後，在縱軸上寫「市場規模和認知度」「競爭和參與障礙」「年輕和熱情」「業務知識和經驗」「人脈和顧客」「商標和信用」「成功率」等7項評估項目。

準備好表格之後，首先從「甚麼都不做的情形」開始，1項1項填入表內。或許，「甚麼都不做的情形」正是閱讀本書的你現在想採取的路也不一定。

首先，從「市場規模和認知度」開始，以5階段評估的「5顆星」來填寫。如果是新開拓的事業或商品，因為「現在」在市場上尚未受到認知，因此畫上「★」。即使是這樣的新開拓事業，但隨著「1年後」「3年後」時間的經過，或許「市場規模和認知度」會逐漸變成「★★」「★★★」也不一定。

或許，多數人難以開始新工作的理由之1，就是在此。

「不是還早嗎？」

❖ 製作成功率推移表，即可了解「甚麼都不做」的風險 ❖

甚麼都不做的情形

	現在	1年後	3年後	5年後	10年後
市場規模和認知度	★	★★	★★★	★★★★	★★★★★
競爭和參與障礙	★★★★★	★★★★	★★★	★★	★
年輕和熱情	★★★★★	★★★★★	★★★★	★★★	★
業務知識和經驗	★	★	★	★	★
人脈和顧客	★	★	★	★	★
商標和信用	★	★	★	★	★
成功率	★★★	★★	★	★	—

EASY★★★★★ ←——→ ★HARD

現在馬上開始的情形

	現在	1年後	3年後	5年後	10年後
市場規模和認知度	★	★★	★★★	★★★★	★★★★★
競爭和參與障礙	★★★★★	★★★★	★★★	★★	★
年輕和熱情	★★★★★	★★★★★	★★★★	★★★	★★★
業務知識和經驗	★	★★	★★★	★★★★	★★★★★
人脈和顧客	★	★★	★★★	★★★★	★★★★★
商標和信用	★	★★	★★★	★★★★	★★★★★
成功率	★★★	★★★★	★★★★	★★★★★	★★★★★

EASY★★★★★ ←——→ ★HARD

「在社會上稍微推廣後再做」

「市場變大以後再做」

結果，都變成無法「最先舉手的人」「起跑的人」。

但是，如果和下一個「競爭和參與障礙」一併評估時，答案就會改變。

市場尚未變大之前就開始時，不僅競爭對手少，參與障礙也還沒形成。可是，在10年後市場充分成熟後才開始時，不僅競爭激烈，想參與新事業可說困難重重。亦即，「現在」是「★★★★★」，「10年後」就變成「★」。

這樣一來，早開始，晚開始，相抵都是一樣。只是困難度的「質」不同而已，無論何時開始，「困難度」都沒有太大差異。

可怕的事情是，如果和其他要素一起評估時，事態就會逆轉。

例如，「年輕和熱情」，是隨著年齡的增長而會減退。「業務知識和經驗」或「人脈和顧客」，在「甚麼都不做的情形」下是幾乎無法累積的。「商標和信用」，也是要及早開始常久持續才能培育出來。

亦即，這些的評估項目，「甚麼都不做」的最好狀況頂多只是「持平」，若有閃失，就會變成「減退」。

如果不趁現在馬上開始，那麼，「★」是絕對不會增加的。無論如何，這些項目都要及早開始不斷累積失敗經驗，方可獲致的財產。

思考甚麼都不做的風險

那麼，一面看著各項目的「★數」，一面以直覺填入「甚麼都不做的情形」的「成功率的推移」。會出現怎樣的結果呢？

繼續在「現在馬上開始的情形」的表上填寫。若是嚴格評估的人，無論是「現在」或「1年後」，甚至在「3年後」，「★」都不會增加，或許就是不升也不降的推移。可是，「5年後」、「10年後」會變成如何呢？

大多數人一定都能夠在表上填寫的「★」增加到「★★★★★」。

再填寫「現在馬上開始的情形」的「成功率的推移」。然後，仔細比較「甚麼都不做的情形」和「現在馬上開始的情形」的表。

多數情形下，認為「甚麼都不做」能迴避「最先啟動的風險」的人居多。

但在此同時，也暴露「因為甚麼都不做而失去的風險」「因為甚麼都不做而無法累積的風險」「不知不覺中被競爭對手搶得先機的風險」。**無法察覺到更大的風險，是極為可悲的事。**

你能忍受在10年後還是「★1顆狀態」的自己嗎？

而且，你能忍受應該挑戰的企劃專案的「成功率」，不僅「不升不降」甚至「減退」的10年後嗎？

馬上做 20

製作馬上做的情形和不做的情形的「成功率推移表」

Q21 不愛做麻煩的事

擱置不理，就會一直寵溺自己。該做的事，會一直往後拖延。

這才是「人的基本行動樣式＝不履行義務（初期值）」，必須要有這樣的認識。一旦察覺「自己的軟弱」，才能開始體會「積極行動」的新習慣。

當然，我也不例外。回首幼童時代，經常被父母叱責說「沒有耐性」。亦即，「對任何事都感到麻煩，而不容易起身行動」類型的孩子。

現在，就像好友經常問我的一句話「你是在甚麼時候睡覺呢？」變得相當有行動性，從工作到執筆、演講、社會貢獻等等，每天都快樂活動著。從他人看來是非常忙碌的生活，但對於現在的我來說，則是當然的生活週期。絲毫感覺不到會特別勉強自己或疲倦。為什麼會發生這樣的變化呢？

●徹底從事自己感到棘手的工作

我的「沒有耐性」，在踏入可直升大學的附屬高中時受到磨練。麻煩的是，以學歷為後盾養成所謂「沒有保證的自信＝自負」。而更加速「大頭症＝沒有耐性」。一直到成為社會人之前，不曾品嘗過「嚴酷的磨練場」，而且也不想靠近這種場面。

可是，在畢業時，以新畢業生第一期進入創業不久的遊戲軟體公司，即刻被放入**「小型的磨練場」**。

既無手冊又沒有顧客名單的狀態下，沒有預約就直接向玩具店推銷家庭電腦軟體。此時，過去的學歷或大學課堂上所學的種種，完全派不上用場。每天過著的是，三番二次在門前就被拒絕飭回，或站在自己公司滯銷的軟體之前被罵得狗血淋頭。

可是，想逃也逃不掉。因為，創業期的軟體公司是「如果沒有賣完推出的遊戲，將面臨存續的危機」。無論如何，非推銷販售出去不可。

不久，開始出現1、2名職員離職，在人手不足之下，不得不強制過著白晝是「突然造訪」，夜晚是「製作遊戲劇本」的雙重生活。大致上，每天都待在公司直到最後一班電車才離開，我想，我比一般人多2倍的工作。原本我所學的是文科，對遊戲完全不熟，但被迫過著不分晝夜的「不擅長的工作」。

既無知識亦無經驗，亦非興趣的工作。

在沒有接受研修也沒有手冊之下，就上場表演。

高目標，而且確實規定截止日期。

除非自己解決、採取行動，否則就開不了頭。

這正可謂是「小型的磨練場」。

當然，雖然沒有耐性卻有崇高自尊心的我，在最初的半年，每天都感到非常不快樂又辛苦。不知有過幾次辭職的念頭。

但不久，在「小型的磨練場」中，察覺到首次看到的「情景」或「感覺」。感到莫大驚奇的是，在自己認為「最不適合的地方」，察覺到以往所沒有的「活生生的自己」。

然後，在不知不覺中，應該是「極為艱辛的雙重磨練場生活」也變得不辛苦了。毋寧說是，由自己尋找應該做的工作來實行。早已不需要任何人在背後推著。

而且，對陸續出現的「小型的磨練場」，**實際感受到在發現自己的新可能性、引出潛在能力、發展上等有極大助益。**

●果敢挑戰討厭的事

回首過往，我在「小型的磨練場」也僅1年左右。

只不過，1年，不，僅忍耐半年，一再出現「不能回頭的非日常體驗」。只是這樣，「自己」就改變……回到回復本來的「自己」的軌道。

從安居之地跳入「小型的磨練場」，即可加速成長速度

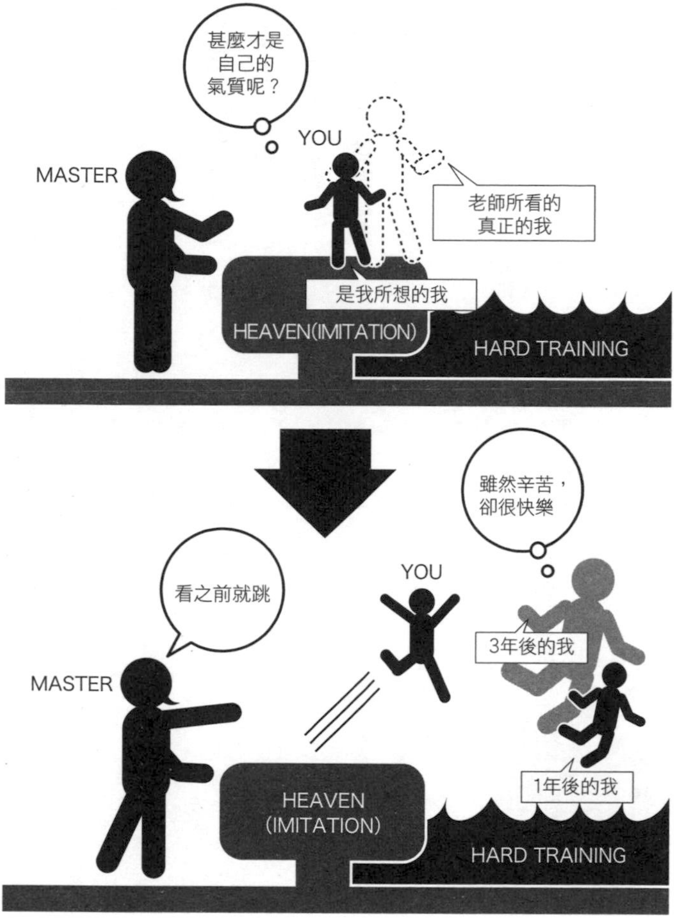

我不知道為什麼會有這樣的改變。置身於小型的磨練場，忙得不分晝夜的結果，只能說「睡覺的自己，是賭注存活所做出的反應」。

因此，踏進自己不曾設想過，毋寧認為是「不適合」，而且是多數人不願接近的地方。

①在公司或團體就職
②希望的職務
③成為讀書會會員
④從事社會貢獻活動
⑤開始追求究極的技藝

這些可能成為改變人生的轉機。

即使突然改變工作有困難，但是，能夠在公司外的讀書會或活動創造「小型的磨練場」。

如果假托工作忙碌……的人，「在沒有時間中開始新挑戰」，就可以變成磨練自己的「小型的磨練場」。

不久就會察覺，以為是「磨練場」的狀態，在10年後就不會認為是「小型的磨練場」＝察覺是在寵溺自己。

僅憑書店販售的自我啟發書或時間管理書來學習技巧，是不會改變任何事的。

跳進「小型的磨練場」的1年期間，是連看書時間都沒有的埋頭於工作中，以改變自己的體質和氣質為先決條件。

在「安居之地」或「半調子壓力」之下，即使嘗試尋找自我或自我啟發，也無濟於事。

馬上做 21

誰都不想做的事，先舉手參與

Q22 遭到多數人反對就失去自信

「在人走的背後路上，有開花的山」（＊註）

這是有名的股票格言。如果模仿他人「順勢」投資時，就容易以高價購買股票，而無法以低價購買股票。果趕走在和別人相反路上的「逆勢」投資就能獲利，是先人洞知的情形。而且，這句格言是處在逆境才有效。

我曾經參與製作的家庭電腦遊戲軟體『松本亨的股票必勝學』，也是從這句有名的格言開始。我曾經從松本先生聽過幾次這句格言，但之後，轉職證券公司的我卻違背其教誨。而且，因泡沫經濟瓦解而嘗到大失敗。

泡沫經濟瓦解前夕的日本，大家都還很樂觀高興。無論是誰都受到股票投資魅力的厚待，刊載於經濟雜誌上的著名評論家的股票預測，也都是超樂觀預測股價高漲。銀行、證券公司無不爭先將自己公司的股票以時價發行增資。我也在上司勸誘之下使用公司內融資制度購買自己公司的股票。

在此時期，究竟發生怎樣的悲喜劇呢？請務必前往圖書館翻閱報紙或雜誌的舊聞來學習。無論是誰都傾向相同意見時，就要提出勇氣陳述相反的意見，採取相反的行動。

全場一致時就是廢案

擁有長久歷史的猶太人教誨中，有一句告誡人順著多數人意見流動是「危險愚行」的格言。這是所謂「**以多數通過全員相同意見＝全場一致時，就不採納該提案**」。

普遍來說，常見以「全場一致」「無異議」才好的禮儀式採納案。可是，全場一致時容易有錯誤的判斷，看出危險的徵兆來警告。

反之，「贊同者少的意見，才存在大機會」這種逆轉的構想也有效。

＊註：日本俗諺，意指與人附和不會有大成功；和他人走反方向也許更順利。

❖「大家的意見」未必都是正確的❖

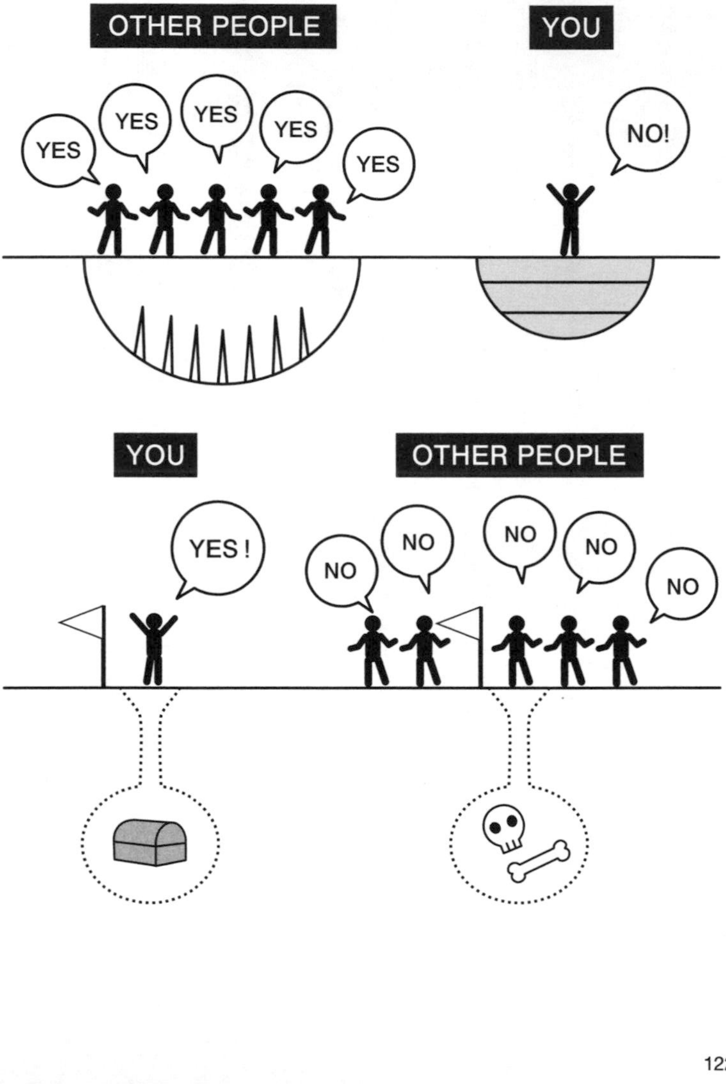

以前，我曾體驗過幾種新事業或新商品開發。但是，在會議上「無論是誰都說好」而贊同的商品，不是已經被競爭對手搶得先機問世，就是商品的陳腐化快速。毋寧說是，只有少數贊同者的提案中，秘藏著可能性。

因此，不必為了和別人持不同意見而感到羞恥，也不必有所猶豫的發言。無論是誰都異口同聲表示贊成的意見，或許隱藏著大風險。毋寧說是，「如果自己不在此阻止，有誰會阻止呢？」要擁有強烈的使命感。

反之，即使是少數意見，若能看出未來的可能性，就應該大大方方主張。提出勇氣反駁時，也要大大方方主張其意見。

馬上做 22

大家都點一樣的餐點時，就只有自己改變

Q23 不先透過網路調查就無法行動

在行動之前「透過網路調查」，在現在已經是「新趨勢」。

可是，僅倚賴網路搜尋，只是永遠跟隨在別人的後面，無法成為先驅者。不久之後，就會養成影印或剪貼等模仿他人的習性。

因此，「自己想了解的事情」，透過網路也調查不到詳細資訊時，就認為這才是「大機會」。

此時，必須做的事情有以下3項。

①前往現場
②請教知道詳情的人
③自己做做看

直接前往現場採訪

首先，前往即將發生「新事件」的現場，極為重要。

雖然想透過網路搜尋，或看電視，但不實際前往現場，就無法透過五官來感受事情。

即使如此，**一開始還是自己一人前往較為理想**。因為，如果和某人一起前往，難免會受到同行者意見的左右，而有看漏應該注意的重要事項。如果是自己一人，就不會受到預定或路程上左右，而能夠「盡量看自己想看的」。

而且，對於所看到的事物或察覺的事情，無論是甚麼都用相機拍攝下來，或做筆記，製作在世界上只有一本的「自己獨有的採訪備忘錄」。

直接請教了解詳情的當事者

只要前往現場，遇到詳細了解「新事件」的人的機率，就會提高。

這種人可能是製作者或銷售者，也可能是想要盡早享用此商品的使用者。

如果在現場看到**學有專精的達人**，**務必出聲請教**。由第三者，尤其是新手向自己請教自己所好之事而作說明時，無非是一件令人喜悅的事。只要露出笑容詢問，一定會受到親切的教導。

在此所聽到的第一手資訊，比大眾媒體或調查公司採訪所得的第二手資訊，或乍看似有意義的統計資訊，更能使自己受益。

必須自己也嘗試看看

前往現場，遇到了解詳情的人時，接著應該採取的行動，就是自己親自嘗試看看。

這是真正有趣嗎？美味嗎？快樂嗎？非自己親自嘗試就無法了解。

當然，其中不乏僅嘗試一次或二次，因知識或經驗不足而無法感受到樂趣。可是，如果在第一次就感受到「有甚麼」，**就想靜靜嘗試三次看看**。

如果在此窺得有趣快樂的一端，就是你應該探求的資訊，或許會成為你要推廣的新商品、新服務的種子。

這並非僅對新事業或商品、服務的企劃開發有益而已。作為了解客戶喜愛的商品或服務的營業手法，也是有效。

如此般，不僅倚賴透過網路搜尋的二手、三手資訊，更要培養前往現場親自嘗試的「採訪一手資訊的習慣」，相信一定會改變你的生活方式。喜歡的物、工作、人逐漸增加，也漸漸擴大自己的器量。

而且，對自己熟悉的街道，看起來會有不同以往的光輝氣息。

馬上做 23

1週抓住1個在網路上沒有出現的資訊

Q24 對過去的失敗耿耿於懷

「這在過去曾挑戰，但失敗」
「不能犯同樣的過錯」

雖然有這樣的想法，但是，年輕時代都會有過幾次的失敗。想想，我也曾品嘗過超過一般人的失敗和挫折感。當然，即使是現在失敗的情形也不少。不過，透過失敗經驗的累積，培育出比同世代的人更耐打的精神力、了解他人痛苦的對人感受性、直覺失敗風險的想像力，因此，至今仍懷感謝之心。

如果，過了人生的一半都只體驗到成功，想起來自己都會覺得可怕。有一天，嘗到第一次的失敗時，可能就會一蹶不振，再也站不起來。假定持續成功，但體貼失敗者的心情，察覺眼睛看不到的風險的感性，都會處在一般人以下的狀態。

何況，年輕時代的失敗也可說是積極挑戰的結果。挑戰次數也是和失敗與成功之數成比例，可說是像勳章一樣的東西。

因此，年輕時期反覆累積失敗的經驗，我想，在個人的資產負債表上將可成為「了不起的資產」。

團體勝率5成，個人打擊率2成5分

只不過，要是養成一直犯同樣失敗的「敗北」習性，問題就嚴重了。

如果，只有自己失敗時，就會想到「**自己太弱×對手太強×環境過於惡劣**」。反之，過多的勝利，就會有過多勝利的問題。就是會變成「**自己太強×對手太弱×環境太好**」，結果就變成無法繼續碰到適合磨練自己的挑戰。

因此，以棒球為例，球隊的成績以勝率5成到6成為目標，個人成績則以打擊率2成到3成為目標之下，反覆進行「適當的真正比賽」，就可以把自己磨練得更強。

●磨練自己的比賽7個原則

這種為了「磨練自己的有意義的比賽」的心得和方策，以運動做譬喻來說明就比較容易了解。

①選擇比賽的遊戲

選擇自己擅長的，希望終身持續的遊戲＝工作。

②選擇比賽的場所

尋找乘著時代之流，在未來可能成為熱潮的場所。

③選擇比賽的對手

有時勝利，有時失敗＝和優秀的競爭對手比賽。

④盡量增加比賽的次數

盡可能反覆多次的比賽。

⑤尋找可成為榜樣的達人來模仿

持續獲勝，也聰明失敗＝可作為模仿目標的選手。

⑥尋找好的教練認真學習

向詳細了解戰略或戰術、自己優缺點的教練學習。

⑦比賽之後的分析或研究是不可少的

了解何時勝利，何時失敗。

最糟糕的情形是，害怕失敗而「逃避比賽」。

尤其年輕的時候，不要害怕失敗，而要反覆進行有意義的比賽是非常重要的。而且，每1次的比賽都要不斷小有收穫，相信勝率或打擊率都一定可以大幅提升。不斷累積的結果，超越每次的勝負，可達到指向更長期性目標的境地。

馬上做 24

個人打擊率即使只有2成，也要盡全力揮棒

- 提高速度，無論是誰都會失去平衡。關鍵就在於能否做到修正動作。
- 無論遊戲或人生，大半都受到「機率變數」的支配。
- 早開始，晚開始，相抵都是一樣。只是困難度的「質」不同而已。
- 在「安居之地」或「半調子的壓力」之中，即使自己尋找也看不到。
- 任何人都說「好」的意見，其實是危險。
- 過於失敗、過於勝利，都不是適合自己成長的場所。

PART 4

不輸給「自己」，馬上做！

Q25 輸給壓力

平時都可以做到，但只要有壓力，就無法順利完成。

因此，不參加有壓力的比賽。

這是常有的「**成長停止的惡性循環**」。

這種惡性循環可怕的是，將會埋沒只要以正確方法反覆練習就能鍛鍊的「本來的潛在能力」。

使「逃避的構想」消失

為了從惡性循環擺脫，必須透過比腹肌等的肌力訓練更複雜，保持「某種精神狀態」的心理訓練來鍛鍊。這種方法，除了「習慣」以外，別無他法。

其實，我也不是在一開始就可以果敢挑戰類型的人。

從突然造訪開始，接著又突然被推進擔任研討會的講師或作為企業經營者的「極限壓力」之下，感到莫大迷惑的過往經驗。

現在，面對數百位前輩經營者進行演講，一點也不會感到畏怯。但是，在最初的時候，僅在一位客戶面前就會緊張得不知所措。

為什麼我會有這樣的改變呢？

我認為，只要遵守基本，反覆進行「積極行動」，身體就會有適當的反應。只不過，暴露在壓力之下，僅一再有自己討厭的失敗體驗，就會引起反效果。

使自己成為最佳狀態的3個基本

於是，首先以最放鬆的狀態，自己一人孜孜不倦的練習。

使這種最佳狀態記憶在自己的身體裡。

之後，透過實際的比賽不斷尋找變成「**放鬆的最佳狀態**」的訓練＝放鬆的方法。

人類因緊張或壓力而備感苦惱的歷史相當悠久，因此，從先人的睿智中應該可以學習到不少。

以下介紹我以日本古來的禪、武道、茶道、花道為首，以及瑜珈等海外的方法，或自律訓練法等的新方法，成為體系化的「使自己成為最佳狀態的3個基本」。

基本①：調身

我也嘗試過各種的放鬆法，但無論甚麼方法，都有基本的相通之處。首先，以「調身」為要。

一旦肩膀使力、背肌彎曲，就無法發揮本來的力量。伸直背肌後，放鬆力量。全身用力後，再放鬆力量。

像這樣「馬上變成自然體」的訓練，只要習慣就不會困難。

基本②：調息

接著，是以「調息」為重要。

處在緊張狀態，是因呼吸變淺的狀態所致。

多數的放鬆法，都是建議反覆深深吐氣，慢慢呼吸。唯有呼吸變得緩慢，成為自然體的身體，就可以更加放鬆，使砰砰跳的心平息下來。

基本③：調心

最後能夠「調心」，準備就萬全了。身體和呼吸調整好，心也會穩定一半。

調心的方法，是依放鬆的流派而各有不同。數呼吸數。凝視繪畫或點。傾耳聆聽聲音。發出聲音。集中某個動作。

可依個人的喜好，自由選擇。以下，推薦隨時隨地都可以做的方法。

●隨時隨地都可以放鬆

體會自己本身的「調身×調息×調心＝放鬆法」的基本之後，就可以隨時隨地應用上。

應用①：「設定」加上最大壓力的狀態

首先，想像加上最大壓力的狀態，形成可以打開「放鬆開關」的條件反射。

在所謂『大幅揮棒』的棒球動畫中，教練會指導在攻擊時、守備時都要觀看最大壓力環境＝3壘有跑者的狀態，進行「調身×調息×調心＝放鬆法」的訓練。這是「設定」球隊的投手可以把目光和3壘上敵人的逆轉跑者的目光相接合，心就可以穩定下來；至於打擊手，只要看隊友3壘的跑者，就可以不用太緊張而能發揮本來的揮棒能力。

例如，把這情形應用在演講或簡報時，把舞台側前方觀眾注視自己的樣子烙印在眼睛裡、注視其照片，就可以按照平時一樣進行放鬆。如此一來，一旦和聽眾的目光相交，自然能打開放鬆的開關。

應用②：表演和本來性格不同的人格

聽說，演員或藝人，其實是以內向羞赧的人居多。在走上舞台之前，打開正式場合用的大大方方的自己＝變成不同人格的開關，就可以放鬆。

對於走出站在人前或主張自己意見感到棘手的人，就向演員或藝人學習，形成和自己正好相反的人格來表演也是不錯的。暢銷作家輩出的出版社，也建議作家要強調自己是和所想的自己正好相反的人格。

不要把自己限定住，要果敢以不同的人格決勝負，也是放鬆的一種，是值得適合這樣的人來嘗試。

應用③：想像最佳狀態進行訓練

最大限度發揮自己的能力，以獲得勝利。在事前把這樣的情景烙印在腦裡的想像訓練，如果是一流的選手，就會視為當然的事來實踐。

可是，還無法想像、體會最佳狀態之前，就不容易順利進行。無法順利想像＝身心都練習不足＝失敗的可能性高，結果或許會武斷說「想像訓練沒有效果」。

因此，想像最佳狀態的方法，是必須確實體會3個基本，不斷累積小小的成功體驗。

無論如何，在加上壓力的狀況下，是能夠最大限度發揮自己的機會是毫無疑異的。如果避開這種壓力不做正面對決，不啻是和放棄揮棒人生相近的愚行，豈不可惜？

進一步說，也是「**對不起另一個真正的自己**」。另一個的自己，每日都企盼能夠反覆進行心理訓練。或許希望發揮本來的力量，而躍躍欲試。

馬上做　25

透過「自然的姿勢」、「深呼吸」「集中」，隨時隨地都保持最佳狀態

Q26 無法按照安排實行

無法順利擬定安排的人，就還不能以身心「實際感受」「擬定預定完成的喜悅」或「超過想像實現的快樂」。

思考為什麼要擬定預定，遵守期限呢？如果僅認為是「為了達成工作的固定額度」，或「為了有效率的工作」等等，僅想到眼前的小目的，就無法湧出「內在的活力」。

如果沒有更長期性的大夢想＝人生的計畫，就無法活用從身心內底湧現的本來的力量。

決定自己的「企業理念」

個人描繪夢想，擬定人生計畫時，就可以作為企業擬定事業計畫時之手法的參考。

對企業而言，最重要且必須最先決定的，就是「**企業理念**」。所謂企業是為了甚麼而存在，在社會中扮演甚麼角色的「企業理念」，是擬定事業計畫或行動規範時的基礎。

以個人而言，就相當於所謂「希望變成怎樣的人」「希望扮演怎樣的角色」的「**夢想**」或「**自己人生的座右銘**」。

有了「企業理念」，才能策定所謂5年、10年的「**中長期事業計畫**」。而且，組合「人事」、「財務」、「商品」、「銷售」、「宣傳廣告」等具體性的戰略，使「中長期計畫」成形。

換成個人時，遵從「夢想」或「自己人生的座右銘」，決定今後5年、10年的「**工作方法**」或「**生活方法**」。這是「從事甚麼工作」、「培養甚麼技術」、「擴大怎樣的因緣」、「以怎樣的形態推廣名號」、「蓄積怎樣的資產」的長期計畫。

擬定「中長期事業計畫」之後，接著製作今年一年的「**事業計畫書**」，就是「戰術」，而且，細分化為「本月」、「本週」的目標和「TO DO LIST＝每日的戰鬥表」。無論企業或個人，這部分都是相通的。

❖ 企業和個人的「計畫」擬定法是相似的 ❖

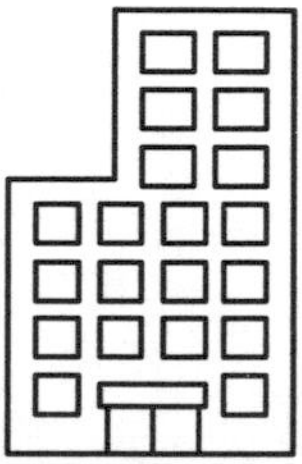

COMPANY	TIME LIMIT	PERSON
企業理念 經營方針、企業規範	50 YEARS ～	夢想 人生的座右銘
中長期事業計畫 （人事、財務、商品、 銷售、宣傳廣告）	10 YEARS ～ 5 YEARS	5年後、10年後的計畫 （工作、技術、人脈、 資產）
短期事業計畫	1 YEAR	今年的目標
月次目標	1 MONTH	TO DO LIST

如果企業目標的「企業理念」不明確，未顯示以5年、10年為單位的目標「中長期事業計畫」，僅顯示本期的「事業計畫」目標，僅追求「每日的固定額度」時，將會變成怎樣呢？

或許，董監事、員工都不會產生以自己的意志擬定計畫的氣概。既無指向哪個方向的方向感，也欠缺對社會有益的實際感受，只是無意義地忙碌，變成不知為何拼命的氛圍。

個人亦復如此。

即使概要，也要指向「夢想」，想像沿著「人生的座右銘」進行以10年為單位的「工作方法」或「生活方法」的人，和完全都不做任何思考，只是每日為工作忙得焦頭爛額的人，二者的生活情形自然大有不同。

因為有夢，才能積極行動

因此，所謂「積極行動」，不是沒有任何前景之下就行動的意思。

把重要的「夢」或「座右銘」銘刻在心，明確規定今後10年的「目標」，才能對眼前的困難或種種的障礙毫無畏怯，能「自發性」「戰略性」擬定計畫，有時也能採取大膽的行動。

因此，可在「TO DO LIST」上填寫高目標，克服每日的迷惑或小我的自尊而「勇往向前」。

連一開始要看到表才能「行動」的人，經過每日反覆的進行後，也變成「不看就做」的態度。

而且，理念或戰略一旦滲入體內，自然就可以「積極行動」。

馬上做 26

擬定「自己事業計畫書」，決定行動基準

Q27 看不到目標，途中就停止

「已經不行了，來不及了」內心感到如此不安時，就是處在人生的小分歧點上。

在此，就變成放棄或設法繼續挑戰的分歧點，二者的累積，在不久後就變成極大差距。

其差距，並非只是技倆或能力的問題而已。

如果認為這是本人的氣質或性格問題來處理，未免太輕忽草率了。

毋寧說是，臻至「**某種身心狀態**」，以及具有「**相信自己繼續嘗試習慣**」，才是重要。

在此不是寫「心身」，而是寫「身心」，就是認為比起心（頭腦），身（身體）更為重要。「禪」，也以相同意義教導我們寫「身心」。

但是，現代人容易認為「頭腦」比「身體」重要。不可思議的是，「精神性的極限」比「肉體性的極限」，容易更快感受到。因此，越是「頭大」的人，越是「身體」不動，行動容易停滯。

認為來不及而放棄的狀態，也是「頭大」的人常見的一種症狀。首先，欠缺的就是行動且持續的習慣，以及可以持續的體驗。

恢復常態的法則

如果是長跑的選手，應該充分了解所謂「**恢復常態（second wind）**」的用詞。

開始跑不久感到呼吸困難，而且覺得可能跑不遠，但是，會達到「在長距離的跑步中，起跑後經過約15分鐘，心跳數或血壓就變得穩定，而感到輕鬆的狀態」（小學館『大辭泉』）。（＊註）

一旦變成「氧氣的需要量和供給量保持均衡的狀態」，即可「持續舒適跑步」（三省堂『大辭林』）。（＊註）

＊註：原文解說的參考辭典。

亦即，「身體」想跑的心情需要耗費一定的時間，在此之前會感到辛苦乃是常態。可是，**短暫活動「身體」中，達到某階段時，「身體」想要活動的心情自然啟動**。

類似的運動用語，還有所謂的「**賽跑者快感**（runner's high）」的用詞。

這是表示「在長時間跑步時所經驗的陶醉狀態」（大辭泉）、「跑步的途中，痛苦消失，變成爽快氣氛的現象」（大辭林）。

「身體」一旦有了這樣的心情，不可思議的，連「心」都變得爽快，越來越能夠長久持續。我們的「身」和「心」，似乎是以此簡單又合理的架構所設計的。

最了不起的是，雖有時間的差異或程度的差異，如果不停止地跑、持續地跑，則任何人都可以感受到所謂的「恢復常態（second wind）」或「賽跑者快感（runner's high）」。

而且，只要知道這種喜悅感，就可以持續再跑，品味更爽快的氣氛，產生快樂的漩渦效果。

❖ 工作的達人和棄權組的分歧點 ❖

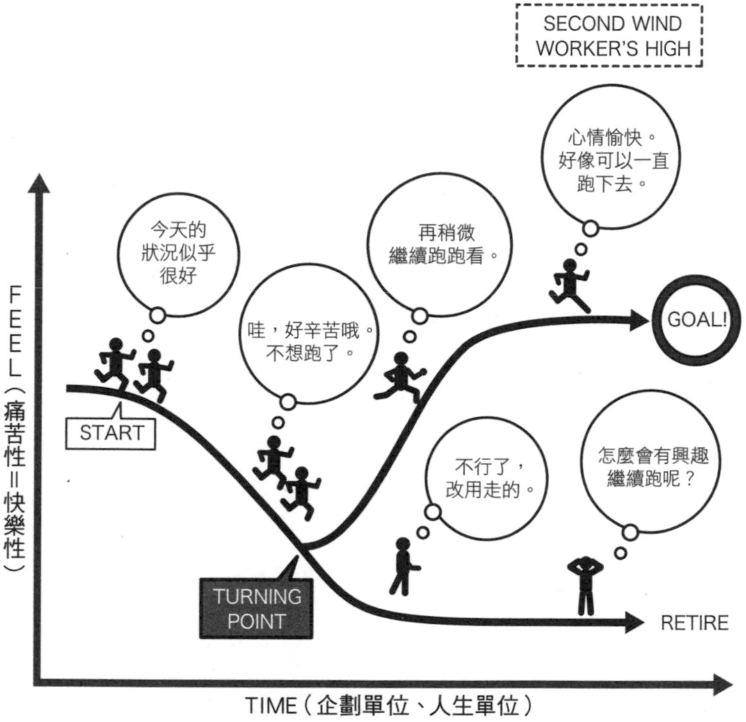

●越繼續越感輕鬆愉快

當然，這是和有期限的工作或終生事業相通的情形。「賽跑者快感（runner's high）」也可轉為「**工作者快感（worker's high）**」。

因為看不到未來就輕言放棄的人，看起來似乎和不了解「恢復常態（Second Wind）」或「賽跑者快感（runner's high）」的狀態之前，就「停止跑步的跑者」一樣。

再繼續跑5分鐘＝再繼續花點勁工作。或許就能品嘗到不曾有過的充實感。真的是很可惜。

可是，不了解「賽跑者快感（runner's high）」的「中途放棄的跑者」，看到「長跑達人」時，或許只會想到「每天跑步有何樂趣呢？」這是和不了解「工作者快感（worker's high）」的人看到「工作達人」時，認為「每天反覆工作有何樂趣呢？」是類似的。

另一方面，從了解「賽跑者快感（runner's high）」的達人來看，所謂為什麼「這麼舒適的事，為何不每天跑呢？怎麼受得了呢？」認為中途放棄跑步的人，是很可惜的。

我所尊敬的前輩或朋友中，有眾多以「工作為樂趣」每天快快樂樂生活的人生達人。總是快快樂樂工作，究竟是在甚麼時候睡覺呢？實在讓人覺得不可思議。而且，在緊要關頭的時刻，既不休假，即使一晚或二晚徹夜工作也不覺辛苦。如此的狀態，才是「工作者快感（worker's high）」。

遺憾的是，「這種感覺」，即使這些達人用言語傳達也傳達不了。本人要以「積極行動」的感覺參與眼前的賽跑，雖然一開始很辛苦，但保持自己的步調，**總之「繼續跑」才能實際感受到那種感覺**。

以「身體」實際感受這種爽快感，或跑完時的成就感，就會了解中途放棄是「非常可惜」的。

馬上做 27

想要中止時，就再繼續5分鐘看看

Q28 因經濟性理由無法採取行動

「教育等，即使想對自己投資，卻沒有錢……」

「轉職、創業都需要資金」

做任何事都需要金錢。為了開始想做的事業，設法籌措必要的資金是重要的事，是無可置喙。

可是，現在的環境，籌措金錢方面是處在非常有利的狀態。

從戰後一片廢墟，處在沒有學歷、資金的狀態下，赤手空拳開始做生意的先人來看，現代是「實現自我的樂園」。

首先，就有關教育和自我投資所必要的資金來思考。

應該可以察覺到，經濟性的限制比以前少之又少。

以低價格即可自我磨練

①利用圖書館、博物館、美術館等的公共設施

首先，前往圖書館，可免費閱讀古今中外的名著。一面在大企業上班，一面在每天早晨上班時間閱讀在圖書館借的書，然後寄送書評電子報（Mail-Magazine）給「Webook of the Day」的達人。他就是擔任要職，又出版許多著書，而且成為大學老師的松山真之助先生。

此外，在博物館或美術館繳交幾千元的年費成為會員時，就可以每天接觸到在一百年前只有王侯貴族才能看到世界至寶或國寶，以磨練感性。只是，了解且實踐這種難能可貴性的人是少之又少。

②利用網路就可以在家收集資訊

而且，必須善加利用現在被稱為世界最廉價的網路環境。這是幾乎可以免費瀏覽世界性的報紙或雜誌的資訊，以及專家或有識之士的電子報（Mail-Magazine）或部落格。

依據情況，不僅可以瀏覽，也被允許對報紙的發行人或雜誌的總編輯，或稱為「老師」的有識人士直接寄送信或提出意見。我也有經驗，只要有禮貌地陳述正派的意見，即可收到意料之外的回信，或開始交往的情形也不少。

③在低成本的學會或讀書會和一流人才交流

即使沒有特意上大學或職業學校，想要尋找自己關心的課題的學會或讀書會並不困難。前往這些地方，就可以直接和來自各種大學或企業的積極又傑出的先驅者進行交流、互相學習。

如果沒有在10年前加入「經營情報學會」（http://www.jasmin.jp/），參加在網路上認識的同好所主辦的各種讀書會，就不會有今天的我。1年頂多1萬～幾萬元的費用，只有上大學的幾十分之一的成本而已。一個月1次～數次的聚會，在時間上或許不會感到有所負擔。

只要改變常識，就不用花錢

如上述，對自我投資或鑽研出現成果之後，或許就有人想要轉職或創業。此時，也有過去想都想不到的省錢的經濟性方法，值得注目。

①活用價廉又便利的外部服務

例如，使用網路的網路行銷（affiliate）或網路購物（drop shipping）等便利的服務，即可一面繼續做現在的工作，一面進行輕鬆的副業或創業。在家裡，除了上班時間之外，不需雇用員工，也不用採購庫存，即不需要花錢，自己一人就可以進行買賣的架構。

而且，稍微正式開始工作時，亦可活用網路的電子商店、部落格、電子報（Mail-Magazine）等的寄送資訊、廣告宣傳、營業服務，或宅急便等物流服務、信用卡或代扣款等的結算服務。

②夫妻都在賺錢，取一邊固定收入的

比起昔日，夫妻都是高學歷又是高收入工作的案例，正逐日增加。即使如

此，夫妻中有穩定又高收入的一方，可支撐家計的固定收入，另一人即可大膽轉業或創業。在此之下，無論轉業或創業，即可某程度安心且大膽挑戰。

③改變對住宅的思考法

利用服務單位的信用以住宅貸款購屋，以後為了償還變得非常辛苦，因此，避免貸款購屋的年輕人越來越多。這主要是不喜歡以屆齡退休時的退休金償還貸款之前，必須對公司的派遣調動言聽計從所致。

例如，考慮不貸款購屋，僅以租賃方式，則人生的選項或金錢的使用法就大有不同。只要懂得聰明活用網路，即使居住在鄉下，一樣可以接到來自大都市客戶的委託工作。當然，鄉下的房租或餐飲費都更加低廉。

亦即，聰明使用智慧時，無論對自我投資、轉業或創業，都不用像昔日般必須花錢。

話雖如此，但如果是認真考慮轉業或創業等「追夢」的人，無論現在或過去，都會趁著年輕努力存錢。控制生活費或自我投資的成本，不斷儲蓄剩下的錢，貯存「**夢的資金**」是必要的。

在此，不只是現金的儲蓄而已，也要對10年、20年後可能大有發展的幾家企業，每月每月累積一點股票，活用所謂「股票累積投資」。挑選有前途企業投資的學習，和不忘每日股票細微波動的內心訓練，一定可以讓你金融資產和智慧、精神的資產同時增加。

處在如此優惠環境中，還抱怨說「因經濟性理由無法採取行動」，就只能說是用功不足對「新的現實」不了解，即使了解也不採取行動的勇氣不足。

馬上做 28

積極使用公共設施、網路、讀書會

Q29 緊要關頭提不出點子

今後，「需要創造性和獨自性的工作」將受到重視。

不問職業，對「能幹的人才」，要求具有能陸續產生獨創性點子的能力。

● 不知道靈感閃動的場所

可是，即使在TO DO LIST或日程表上填入預定，也不會產生構想。如果是單純的反覆作業或訓練，每日一點一點進行，或許會成比例出現效果。

但是，必須總動員知性和感性的獨創性工作，只是每天在相同時間靜靜坐在辦公桌前，也未必會出現好的成果。

❖ 靈感閃動能力的公式 ❖

FLASH

靈感閃動能力＝

PRESSURE 適度的壓力
課題＝能力 ×1.2

- 過於輕鬆，過於嚴苛都不行
- 截止日過長或過短都不行
- 每週有課題就可以
- 有耐性對1個主題往下探究
- 另一方面向多樣的主題挑戰

×

INPUT 輸入資訊
量 × 質

- 現場的實際體驗最重要
- 重視靠自己負責所獲得的第一手資訊
- 吸收異業種的多樣常識
- 和各方面的達人會面交流
- 能感動的事、物、人

×

FORGET 忘記的能力
柔軟的集中力

- 輸入課題就忘記
- 反覆可集中精神的單純作業
- 擁有可以很投入的嗜好或運動
- 自己流派的精神統一或冥想法
- 擁有可以使心穩定的場所

×

EXPERIENCE 經驗值
解決課題的次數

- 使解決課題成為習慣化
- 經常增強資訊、能力
- 立即進入容易靈感閃動的境地
- 擁有靈感閃動的輕鬆和餘裕
- 擁有能在最後趕上的自信

我也一樣經常被要求擁有獨創性的構想。在本業的經營上、每月十幾本書的連載上，必須不斷磨練出新的構想。

當然，撰寫經營計畫或原稿的時間都已經列入預定內。可是，在此要預定對撰寫的題材或內容產生靈感的時間則有困難。因為，**靈感的出現往往都是在規定的作業時間或場所以外**。

靈感出現的時刻，有在上下班的途中或商談中，也有在進餐中或沐浴中。也會有和某人閒話家常中，突然出現靈感的情形。

因此，受到需要獨創性的工作追趕時，千萬不要過度慌亂、急躁。因為，過度的壓力，是良好構想之「敵」。但是，過於優游自在也是不行。

適度的壓力和放鬆

有「適度的壓力」，也有「適度的放鬆」的狀態，是容易產生富有創造性構想的「心境」。

為此，首先確實把課題輸入於頭腦的片隅極為重要。在此同時，也要意識截止日。

這就是「適度的壓力」。

然後，先暫時忘記，會變成「培育靈感的事前準備」。為了忘記，不能建議只是休息。而是要專心於從事其他單純作業的工作，把精神集中在嗜好或運動上也不錯。

而且，前往工作場以外的場所、和很多人見面等，把新的刺激作為構想的契機來接收也很重要。

如果可以順利進入這種「**集中但不執著**」的境地，在意想不到的場所、意想不到的時刻，容易有「靈感閃動」的獨特體驗。其機率，越是反覆進行越高。

一旦累積在無意識中獲得靈感的體驗，不久，在危機的狀況下，也能不慌亂「**相信自己的潛在能力**」。

馬上做 29

輸入課題和截止日之後，就忘記。和人見面

Q30 不想破壞安定的現狀

「社會的規則不會變的」

「大企業或老舖企業不會倒閉」

滿足現狀狀態的背景，不只是有「從事新工作很麻煩」的想法而已。**應該還有或許能以這樣的狀態度過的「單方面」的想法**。

可是，在於世界經濟串連在一起、網路瞬時連結的現代，即使是3年後的匯率或股價等短期的部分性預測都有困難。

何況，年輕的世代，意識著屆齡退休或平均壽命，可以展望今後的30年或50年，必須思考「現在的常識將完全無法通用」「不僅如此，或許會變成正好相反的狀態」。

成長產業也必定會衰退

例如，作為我的生計的T恤製造廠＝纖維製品的製造業，在半世紀以前，是以低工資和日圓貶值為背景的「向美國的出口產業」。但現在，變成高工資和日圓升值而丕變為「來自中國的進口產業」。不過，現在中國的富裕階層，是漸漸處在追求日本製的高級T恤的時代。

此外，在大學時代，參觀某ＯＢ會前輩們不同世代的工作場所後，讓我備感驚訝。因為，那些前輩絕大多數都是進入當時的明星產業，因此，就像目睹日本成長產業衰退的歷史一般。

但是，卻未活用該教訓，我們世代的多數成績優秀的人，幾乎都是在當時擁有大人氣的銀行或保險公司等就職。其後，任誰做夢也想不到會不斷發生名門金融機構的倒閉、合併事件，這是大家都記憶猶新的事。

常言，企業是「對應變化業」。如果是有力企業的優秀經營者，無論是誰都會把「**注視變化的徵兆來對應**」銘刻在心。即使如此，卻變成晚一步就倒閉或遭到吸收合併的時代。對員工而言，或許就像是睡覺時耳朵被灌入水般冷不防的舉動令人相當驚愕。

既然如此，比起企業，柔弱的個人更應該變革自己，以俾對應迫切而來的變化。在社會挑選之下得以生存的企業，將隨著時代而改變，而所要求的人才也會改變。尤其，能力和人脈的蓄積不足的年輕世代，應該是無法安穩度日的。

因此，對現狀滿足而停滯在「這個場所」甚麼也不做的人，即使**「短期可安心」**，但**「長期是危險的」**。

戀棧就會消耗

聽到上述的話題，或許有人認為「很嚴重」而感到心情沉重。

於是，在此介紹最受我尊敬的心靈大師大雄山最乘寺故余語翠嚴老師的教誨。

「所謂『法』的字，是在水邊加上去。亦即，本來『自然的法』，是常常流動逝去，瞬間都無法保有相同的姿態。但是，『人類的法』，因為希望成為語言，留有形態，以致產生煩惱。」

如果時代就像緩慢卻又確實流逝的河川，那麼，**戀棧現在的場所反而需要力氣和體力**。毋寧說是，將身體委諸流水，看清楚未來游著，其實是輕鬆快樂的。

馬上做 30

不是戀棧現狀，而是把身體委諸順水游著

有時，或許會衝撞到障礙的石塊。或者，無法高明順勢而流。即使如此，但在流水中，能眺望更遠的地方。而且，更輕鬆、快速地游泳。

站在河岸上看的人，或拼命攀住岩石的人，或許會把順流游泳的人，看成是奇人怪人、或特別的達人。而且，或許會認為這是危險的行動。但實際上，這是任何人想用就可以用，把身體委諸的「自然流水」，只是持續游著而已。

Q31 無法以自己的語言說出意見

僅在人前說話就感到棘手，遑論被告知用自己的語言來說話，就更感困惑了。首先，會思考「何謂自己的語言呢？」。

於是，先從簡單的訓練開始。1日3分鐘就足夠了。

說出小的感動體驗

一開始，選擇你最容易面對他說話的對象。

每天都會見到面的親近朋友或家人為最理想。面對這些人，一定不會讓你感到緊張，可以率直地說話。

千萬不要突然面對你不容易對他說話的對象。如果是這樣，將會對說話感到更加棘手。我也有在一年中遇過幾次「明顯不用心聽講的人」的面前演講的磨練場。即使很習慣演講場，但迄今還是很討厭面對這種場面。

其次，「說話的內容」，是傳達1日1則自己感動的事。僅限於自己感到高興、感到悲傷，會牽動喜怒哀樂感情的內容。

因為促動了心，才能夠使自己變成「像自己」。

任何的主題均可，但是，要避免誰都可能會收看的運動節目或電視連續劇等共通的話題。因為，即使不特意作為語言說出，也能「立即引起共鳴」，而無法成為訓練。

我的推薦是，在上下班或上下學的途中等，把路上看到的小感動體驗傳達給人的訓練。

「今天早晨的雲朵色彩很漂亮」
「路旁開的花讓我看得入迷」
「我在電車裡看到很了不起的人，讓我怦然心動」

在話的一開始說「很高興」「很漂亮」「很悲傷」「很可惜」等，能夠表現自己的心情感受。

因為，**能夠果敢表現平時不敢表達的感情**，就是「以自己的語言說話」的第一步。

把自己的心情感受「坦率表現」，應該不會有感到不高興的朋友或家人吧！而且，向親近的人說出自己感動的事時，多數人都會「眼睛自然發亮」。不是語言，而是由內湧上的感情，才是表現力或說服力的源泉。

如此傳達自己的心情感受之後，再慢慢說明「為什麼高興」「哪裡漂亮」。邊回想所記憶的形象，邊一個一個變成語言。這種將畫像變成語言的作業，就是製作「自己語言」的訓練。

還不熟悉時，或許會傳達的不夠順利。不過，以「像○○」和其他的東西或人為例作說明也可以。

「晨曦的天空，就像番石榴汁和芒果汁混合而成的色彩」

「白色的花瓣圓圓柔柔的，看起來很快樂」

「女演員○○和歌星□□，相加再除以2的容貌」

因為不是專業的記者或作家，所以不需要正確或華麗的表現。首先，率直傳達「自己的心情感受」的熱忱才是最重要。

利用手機作感性伸展操

即使如此，還是覺得用語言傳達很棘手時，不妨使用最近流行的**附有相機功能的手機**。把感動時的當下利用拍攝下來的照片，傳給對方看，並加上語言說明。這種作法連口拙的人也能簡單做到。越來越熟悉以後，僅以頭腦的想像就可以傳達。

如果使用手機拍攝照片之後，還有餘力時，建議把每日的小感動體驗輸入「手機部落格」。我也會在每日拍攝對不準焦點的照片上加上散文來欣賞。這也是變成尋找感動的材料、凝視彙整書寫的良好訓練。

首先，每日1則即可，把「自己感動的事」說給親近的人聽。這是1日有3分鐘，就可以做到的非常簡單的訓練。即使如此，如果能夠每日持續，即可變成培養「以自己的語言說話的能力」的有效訓練。

促使我開始做手機部落格的契機，並非「運動不足」，而是「**感動不足**」使然。在反省自己時，突然察覺因為繁忙而對「小感動」變成遲鈍所致。

尋找每日「感動的種子」，是培養「觀察眼」和「感動的心」的「**感性伸展操**」。

不僅如此。每日向親近的人說話，彼此應該會越來越親密。稍微說出的一句話，也會變成「人際關係的潤滑油」。

請務必從今日開始做做看。

馬上做　31

把1日1則自己感動的事寫在手機部落格上

▶ 有壓力的狀況，才是伸展自己最大極限的機會

▶ 從未來的夢推算製作TO DO LIST，即可積極行動

▶ 持續做到「恢復常態（Second Wind）」「工作者快感（worker's high）」

▶ 從昔日的人來看，現在的世界是「實現自我的樂園」

▶ 「最安全的選擇」也有招致最壞結果的情形

▶ 怠忽「感動訓練」，會逐漸變成遲鈍

後記

做夢也想不到，我會出版像這樣的書。

因為，好像是和對大學的學生建議「有時間閱讀自我啟發書等，不如前往現場和人見面」「完全相反的事」。

可是，和學生一起聽課1年的日本實業出版社佐藤聖一先生，對我提出「馬上做技術」的出書企劃。他說，現在年輕人真正需要的是，因想得過多無法採取行動而有人在背後推他一把的書。他大力提議，把課堂上聽到學生發表的意見後，由我說出的「不禁當場斥喝激勵的話」加以彙整成書。

坦白說，我對這項提案感到很困惑。因為，我想傳達的是把先人自古就說的「想做時就是吉日」「船到橋頭自然直」「石上三年也成果」等的智慧再重新闡述而已。而且，從難能可貴結緣的上司或前輩給我的有形無形的建言，成為血肉。

即使如此，促使我決意執筆撰寫，則有以下3項理由。

①看到完成1年聽課的學生，的確，無論心態或行動都有所改變、成長。對此，大家感到莫大的歡喜而感謝不已。

②聽說，這本書的編輯者佐藤先生本身，原本是個個性較為被動不易採取行動的人。但之後，明確表示在聽完我的授課後，自己都改變了。

③環視身邊週遭的人，其實家人或親近友人，以及員工或夥伴當中，以欠缺「積極行動」積極性心態的人居多。

在看著目錄案中，腦海不禁浮起週遭的人欠缺自信的模樣。這種影像和聽課學生快樂的表情相交錯。同時，過去斥喝激勵我的許多老師或上司、在網路上結交的有緣之士等難以盡數的笑容，紛紛浮上腦際。我深深體認到，現在是我以滿滿的感謝之心回報他們的好時機，於是，想要傳達的語言陸續湧現。本書，是我接續給我教誨的有緣之士的語言的棒子繼續往下奔跑。

此外，如果沒有推薦我到大學商學系當講師的村田潔教授、聽課的學生們，以及經常回答學生問題的「經營者會報部落格」諸君的鼎力相助，就無法使本書誕生。在此，致上最深謝意。

不可思議的結緣，由衷感謝

久米信行

TITLE

超行動力，夢想「動」起來　不要「凍」起來！

STAFF

出版　三悅文化圖書事業有限公司
作者　久米信行
譯者　楊鴻儒

總編輯　郭湘齡
文字編輯　王瓊苹、闕韻哲
美術編輯　朱哲宏
排版　靜思個人工作室
製版　明宏彩色照相製版股份有限公司
印刷　福霖印刷企業有限公司

代理發行　瑞昇文化事業股份有限公司
地址　台北縣中和市景平路464巷2弄1-4號
電話　(02)2945-3191
傳真　(02)2945-3190
網址　www.rising-books.com.tw
e-Mail　resing@ms34.hinet.net

劃撥帳號　19598343
戶名　瑞昇文化事業股份有限公司

初版日期　2010年1月
定價　200元

國家圖書館出版品預行編目資料

超行動力，夢想「動」起來，不要「凍」起來！／
久米信行編集；楊鴻儒譯.
-- 初版. -- 台北縣中和市：
三悅文化圖書出版：瑞昇文化發行，2010.1
176面；12.8×18.8公分

ISBN 978-957-526-915-9 (平裝)

1.成功法

177.2　　98023970